HOW TO LISTEN

Tools for Opening up Conversations When It Matters Most

陪傷心的人聊聊

重要時刻這樣傾聽、那樣對話

★英國★
生命線志工
訓練手冊

BY

KATIE COLOMBUS

凱蒂・可倫波斯——著

祁怡瑋——譯

目錄

【推薦序】

在旁人最需要時伸出援手

我很榮幸爲撒瑪利亞會擔任了二十多年的贊助人，支持該機構的理念，協助陷入情緒危機的人們。

一九五三年十一月二日，身兼牧師和漫畫編劇家兩種角色的查德．瓦拉（Chad Varah）爲新成立的求救專線接起史上第一通來電。這支專線特別爲苦於自殺念頭的求助者服務，瓦拉牧師和牧師夫人一直在爲教區居民提供心理諮商，但他們想爲深受情緒困擾的人做得更多。所以，就從倫敦市沃爾布魯克聖司提反堂（St Stephen Walbrook）的教區開始，他們秉持同理心，以不帶論斷的態度接聽匿名來電。

查德．瓦拉登報徵求願意試行「主動傾聽療法」（active listening therapy）的志工。在大眾眼中，他的想法很前衛，因爲自殺在當時當然還是一種犯罪行爲。他讓志工和等候晤談的案主坐在一起，案主往往自己就會對著志工傾訴心事，傾訴完就覺得不用跟牧師聊了。結果，這些傾聽志工的力量成爲諮商服務眞正的力量所在。

如今，撒瑪利亞會在英國本島及愛爾蘭有兩萬多名志工、二〇一個分會，每六秒就有一個撒瑪利亞人接起求救電話。全天候的傾聽服務不僅實現了查德．瓦拉的願景，而且遠遠超過他的期待。每年，撒瑪利亞會透過電話、電郵、書信和面對面爲五十多萬的人口提供全天候的服務，除了有威爾斯語專線，也在學校、監獄、醫院和社區服務。

我爲這些努力不懈的志工和職員深感驕傲，他們日以繼夜爲這麼多覺得心事無處可訴的傷心人提供不可或缺的照顧。

我由衷希望，透過撒瑪利亞會的同理心主動傾聽法，我們都能成爲一流的傾聽高手。我們都有在黑暗、絕望的時刻陪在親友和同事身邊的能力。我們都能用與生俱來的同理心，以傾聽的技巧在旁人最需要時伸出援手。

英國王儲威爾斯親王查爾斯殿下

寫於克拉倫斯府

【推薦序】

我們都需要被聽見

我行遍世界各地，對我而言，傾聽一直是最重要的學習工具。傾聽不只是先禮貌地給別人幾分鐘的注意力，再開口說你想說的話；傾聽是準備好付出時間了解別人的人生。這門學問可不容易。

傾聽也需要陪伴的耐心。對方可能說不清自己的感受，你要有耐心陪著他，也要有耐心讓他體會到當下他是你人生中最重要的人。

善於傾聽的人知道有時無聲勝有聲。善於傾聽的人從不妄加論斷。你也要有心理準備迎接令人費解的反應，有時甚至是憤怒而不知感激的反應。試著理解對方之所以有這種反應的緣由。

最重要的是，你要放下自己，拋開你的成見和不安，把全副注意力都放在跟你說話的人身上。這件事的回報是善於傾聽的人可以改變別人的人生，甚至救人一命。誰曉得呢？得救的說不定是你自己。

麥可・帕林（Michael Palin）

英國著名喜劇演員

關於本書

將撒瑪利亞會的傾聽技巧融入到日常生活中，你不但能更敏銳地察覺到身邊的人是否需要聊一聊，也會有充分的信心碰觸難以啓齒的話題。本書集故事、訣竅、實務練習之大全，書中心得來自傾聽志工和傾聽專家，也來自人生被傾聽的力量改變的人，其中有許多人現在也成爲撒瑪利亞會的志工或臨床心理師，抑或是投身其他爲社會大眾提供支持與照顧的專業，用自身的經驗幫助他人。從有人願意聽的感覺如何化解情緒、寬慰人心、讓人覺得受到肯定，到腦部化學作用的趣味大發現，我們將一探傾聽專家們的想法和建議。

我們要你們彼此傾聽——朋友之間、家人之間、同事之間、伴侶之間、鄰居之間，任誰都好。希望不再有那麼多人覺得心事無處可訴。讓我們成爲傾聽之國，朝互相扶持的目標邁進，致力於增進彼此的情緒健康、減少精神疾病背負的汙名。我們都有能力聽自己關心的人說話。爲能伸出友誼的手、邀別人聊心裡話，有時我們需要的只是一點信心與誠意。

【第一部】

傾聽的重要性

「在這個世界上，
存在著看似平凡實則不凡的人。
他們付出全副的注意力，
洗耳恭聽、聽了又聽，不打斷你。
他們不說教。
他們沒有要跟你推銷什麼東西。
我們稱他們為撒瑪利亞人。」

——撒瑪利亞會創辦人　查德．瓦拉

1

傾聽為什麼很重要

停下來想一想，上次你和旁人好好聊一聊是什麼時候的事。或許是在工作上、在家或在酒吧裡。或許是跟朋友、同事或家人。或許是跟你家附近咖啡館裡的咖啡師，或跟你們當地的送貨員。想想看，是什麼讓這次談話令人難忘呢？

對方是否全神貫注洗耳恭聽？是否直視你的眼睛，讓你覺得有人把你看在眼裡？是否讓你說話、不打斷你、不插嘴給你意見，而是讓你自由表達你想說的話——讓你覺得你說的話眞的有人聽？

現在，回想最近一次你覺得對方沒有用心聽的談話。或許你感覺到對方只是在等你說完，這樣他就可以針對你說的話發表意見、提出一些建議、或告訴你類似的事情也曾發生在他身上。像這樣的談話可能感覺就像兩個人在搶話講，雙方都等不及輪到自己開口了。

多數時候，談話都是雙方面的事，雙方都要有說也有聽，所以，展開對話時，我們不見得自然就會抱著只聽不說的打算。更有甚者，人生充滿各種干擾，人常常很難專心聽彼此說話。但這正是爲什麼找到對的傾聽時間和地點很重要、有意義地好好聊一聊很重要。

三不五時，我們都需要找人促膝長談、東扯西聊，說說心裡話，聊出意想不到的結果。或許是因爲需要宣洩一下，也或許只是想藉聊天打發無聊的時間、振作一下精神、忘卻一整天的煩憂。但有時問題可能比較嚴重，你可能感覺到是時候跟對方聊得深入一點了。你們或許應該特別針對某個敏感或富有挑戰性的話題，進行更有意義的談話。而你可能擔心要聊這個話題恐怕不容易——不管是對你來講，還是對對方來講。

傾聽可以提醒旁人你在乎

和人聊他們日常的壓力和緊張時，一句「你還好嗎？」，往往就足以提醒他們你在乎——這句小小的問候眞的能帶來大大的不同。但你很熟悉的人如果情緒跌到谷底，內心承受很大的痛苦，遭逢難以承受、複雜難解、令人心亂如麻的巨變，又或者情緒健康出了問題，那麼，積極主動的傾聽就眞的很有幫助。主動的傾聽不只是聽聽而已，而是眞的用心聽對方說了什麼，認眞思考他想表達的重點，不打斷對方，不提出你自己的意見。要幫助和你談話的人，最有效的辦法就是懷著同理心洗耳恭聽，不妄加論斷，不批評指教。傾聽有著讓對方感覺受到認同的神奇作用。傾聽還能把自信還給他們，給他們力量改寫自己的結局。

聽起來很簡單吧？但這個人人都能做到的簡單舉動就足以爲別人的人生帶來很大的不同。截至目前爲止，六十五年來，主動傾聽術不只對撒瑪利亞人有效，而且很多人都說主動傾聽術救了他們一命。我們知道幫助別人敞開心扉、探索他們的思緒和情緒是很寶貴的，有時只要當下讓他們宣洩一下就夠了，有時你們的談話可能是催化劑，促使他們意識到自己需要更進一步的協助。

傾聽小訣竅

聽與說同等重要

對人類而言，把話說出來和被聽見，就跟呼吸、食物、水一樣不可或缺。說話是我們最早學會的技能之一，也是我們與別人互動的要素。在學習跟人溝通的時候，「聽」是基本必要的。成長過程中，我們跟父母溝通，接著跟朋友和老師溝通，再來跟同事和家人溝通。說話的主要功能在於讓我們被聽見、讓別人了解我們的訴求、讓我們得到自己想要的東西——無論是想吃冰淇淋，還是想調整一下期限。由於說話的主要功能有其實際的作用，所以，這項主要功能一不小心就會凌駕於它的次要功能之上，亦即「說」凌駕於「聽」之上，以致就算說了也沒有真的受到傾聽。

傾聽助人探索自己的感受

看著自己在乎的人受苦，我們常常不知該怎麼做，或不知該說什麼。我們想要盡快找到辦法幫助他們，讓他們好過一點，但卻不知如何是好。

你可能會試著針對他們的問題出主意、告訴他們你自己怎麼處理類似的情況、分享在你身上奏效的辦法、或是幫忙想個解決方案。你可能會先判斷一下狀況、決定一下你是否認同他們。你可能會搬出自己的經驗，從自己的角度看問題，把自己的觀點投射在跟你談話的人身上。

這在許多時候都沒什麼不對，尤其如果是對方自己來向你請教的話。在一般的日常對話中，我們只要能抒發一下心中的煩憂可能就夠了。而且，有時聽取自己沒想到的全新觀點或不同意見是很有用的。了解我們的人往往最能幫我們想到該怎麼辦好。

但如果跟你談話的人有焦慮症或憂鬱症，抑或有其他的心理健康問題或身心症，當你不了解他們的感受或不清楚他們確切的狀況，你的大發議論聽在他們耳裡可能就成了一種冒犯。你憑什麼呢？人各有異，每個人對每件事的反應都不一樣。雖然大家一樣都是人，對許多事情的反應都類似，但每個人對自身遭遇的反應總是獨一無二的。就算有一樣的經歷，例如一樣都喪親，一樣都窮苦度日，但我們總是會有自己獨特的反應和行爲表現。

聽和傾聽是兩回事

只是在別人講話時稍微注意一下和用心聆聽、讓對方感受到你聽進去了，是截然不同的兩回事。後者是付出時間了解對方在說什麼，並賦予自己聽到的東西分量與意義。用心聽的時候，你聽懂字裡行間的涵義，你全神貫注努力掌握對方要表達的東西。

正如哲學家羅蘭・巴特所言：「聽只是一種生理現象；聽進去則是一種心理活動。」我們隨時都在聽各種聲音，多數時候是下意識的——廣播的聲音、嘈雜的街道、背景裡吱吱喳喳的交談聲。但要不要聽進去則是一種選擇。相對於只是聽見旁人說的話，你得有那份意願、專注力和同理心才會去關注這些話背後的涵義。如果你基於了解對方的出發點去聽，而不是對方還在講，你就在心裡形成意見或產生質疑，那麼，你就能營造出一種信任感，讓對方覺得能夠對你推心置腹。

我們都能成爲更好的傾聽者

但有些因素阻礙了我們好好聽別人說話。如果我們眞心想要幫助別人，那就有一些挑戰是我們要克服的，例如我們禁不住就會有一股試圖想改善情況的衝動。當我們在乎的人陷入困境，我們自然會很渴望伸出援手。這份渴望是出於給對方愛與支持的好意，但一股腦插手別人的事情隱含著一定程度的控制慾和支配慾，反而可能在無意間造成有害而無益的結果。當事人眞正要的往往不是你的介入。他們要的只是你的陪伴。

尤其是當他們與你意見相左的時候，你得拿出你的寬厚與仁慈，很有意識地去包容對方，才能放下自己的定見，敞開心扉傾聽和接納對方的看法。

撒瑪利亞會以幫助情緒陷入重大危機、飽受情緒問題折磨的人著稱，但我們所做的不止於此。許多時候，我們發現打電話來的人只是面臨難題而不知所措的普通人。撒瑪利亞會訓練有素的志工在來電者最黑暗的時刻予以協助，但志工不是給人建議的治療師。他們只是平凡人在做不平凡的事。

我們知道探索內心的感受就能舒緩情緒上的痛苦，並能幫助來電者更了解自己的處境及手邊握有的選項。我們知道也接受自己不能替他們解決問題的事實。無論他們有什麼感覺或遭遇，我們都不能把他們從中拯救出來。我們的角色只是陪在他們身邊，直到他們可以自救爲止。我們的目標始終是透過傾聽、透過給他們把話說出來的時間與空間，讓來電者爲自己做出正確的決定。每個人都比別人更清楚自己腦袋裡的想法，所以唯有你自己才最有資格爲自己解決問題。別人往往只要幫忙提醒你記得這一點就好。

「說話的時候，
你只是在重複自己已經知道的東西。
但聽別人說話的時候，
你或許會學到新的東西。」

—— 達賴喇嘛

專家分享

營造一個安全的空間

我們在撒瑪利亞會做的事情真的很簡單，就是兩個人之間的自然交談而已。說來不可思議，只要有溫暖和同理心，人與人之間就能有真正的交流——光是如此就有強大的力量。而且，對我來講，用不同的方式認識和了解一個人是很寶貴的經驗。到頭來，這種交流變成你的日常，變成你這個人的一部分。

兩個人之間的那份交流是你可以帶到日常生活中的一件寶藏。在撒瑪利亞會，我們的首要任務就是營造一個安全的空間，讓人無懼旁人的眼光，想說什麼就說什麼。來電者可能覺得在別的地方都不能做自己，有了這個空間，他們就可以展現自己最真實的一面。

要營造一個能讓人放心吐露心事的環境，展現同理心是不可或缺的要素。而且，我體認到在一般日常情境中也是如此。只要一句：「你還好嗎？你跟平常好像不太一樣。」輕輕的一聲問候，簡單卻有效。但這一切都要從注意親朋好友的狀況開始。在撒瑪利亞會，我們的傾聽法非常積極主動，所以你不會漏掉任何細微的線索和訊息。對於旁人所說的話，你變得超級敏銳。我懷疑平常我們就是沒有用心聽，才會漏接很多訊息。問題不是我們不在乎，而是我們常常沒注意到有些話沒說出口或有些地方不太對勁的跡象或徵兆。

只想趕快解決問題常是人與人間彼此傾聽最大的障礙，因為對方甚至還沒說完，你就已經對他該怎麼做下了結論。但你如果試著跳脫「找出一個解決辦法」的思維，那麼你在做的就是探索。你不是在擔心對方出了什麼事，而是在反思自己聽到的內容，並透過不同的角度給對方反饋。對於幫助對方思考來講，這麼做的幫助大多了。

撒瑪利亞會的訓練迫使你不得不重新思考自己如何與人相處、如何看待情緒健康和心理衛生，以及你真正的角色是什麼。在我所受的訓練中，有一項讓我印象很深刻的練習，就是把受苦的人想像成坐在一個坑洞中，無論這個人是生活陷入困頓、情緒陷入憂鬱，還是內心焦慮不安。周遭親友往往會基於好意想要把當事人從坑洞中拉出來，但身為撒瑪利亞人，我們要做的反而是下去到坑洞中，坐在當事人身旁，和他們一起探索置身坑底的感受。對憂鬱症患者來講，親友的關心和幫忙可能感覺帶有論斷的意味，因為親友會對他們有特定的期望，例如要他們快樂起來、好起來或正常過日子。在談話中有意無意透露諸如此類的訊息，感覺勢必會像某種形式的論斷，就彷彿周遭親友在對當事人說：「你現在這樣不好，我們要改變你的狀況。」

查閱和研讀情緒健康及心理疾病相關資料，了解憂鬱症和心情不好的差異、壓力大和焦慮症的差異，學習如何判斷一個人是不是有躁鬱症、是否表現出精神疾病的症狀，對你也會有幫助。重點不在於診斷，而在於熟悉和接受情緒問題的本質。這對你該如何反應也會有幫助。重點在於深呼吸一口氣，表現出鼓勵當事人說出來的態度。

我們在人生中都要扮演各種角色（朋友、同事、父母、孩子等），可能妨害了我們傾聽的能力。這些角色常使我們無法抱持平起平坐的態度，也限制了我們收起個人論斷、以開放的心胸敞開來談的能力。撒瑪利亞會有一條基本原則，那就是我們相信每個人都知道怎麼做對自己最好。你必須相信只要當事人準備好了，他們就會按照自己的步調找到自己的答案。你並不知道怎麼做對他們才是對的。你永遠不知道別人真正的心思和他們真正擔心的是什麼。所以，傾聽和給予支持最好的辦法，就是讓他們看到你的關心、感受到你的溫暖、知道有你的陪伴。你可以提供他們需要的那個安全空間，透過跟他們聊內心的感受，協助他們釐清自己是怎麼回事。這件事我認為任何人都做得到。

如果你抱著完全開放的態度，不帶任何先入為主的想法或假設，旁人是看得出來的。如果你在日常對話中不會將情緒問題汙名化，或是隨口罵人「神經病」，那麼當你認識的人有了情緒困擾，他們才比較會覺得你是一個可以聊的對象。無論是身為一個朋友、領導者或同事，你都可以為打造令人放心的環境貢獻一己之力。接下來，你要做的就只是注意旁人的狀況，看看他們的表現是否異常。

人總以為去碰觸某些話題或問某些問題只是在火上澆油，但實際上，探討敏感話題、讓人說出內心最深的憂慮，真的可以幫助他們消化自己的感受。

這種對話越多，自然就會熟能生巧。沒有正確的答案，也不需要打草稿，只要順應人心、遵循人性。談話的主題可能不太尋常或令人不太自在，但說到底這只是聊聊天。只是你和另一個人聊一聊而已。

——已擔任十年傾聽志工的撒瑪利亞會中倫敦理事會主席金（Jin）

傾聽日記

以一週爲單位寫傾聽日記，記錄你有多少次是認眞在聽，寫下你碰到的挑戰或令你分心的狀況，也寫下你覺得哪裡做得不錯。以「至少多了解對方一件事」爲目標，寫下你從談話中了解到這個人什麼。

星期一

星期二

星期三

星期四

星期五

星期六

星期日

實例分享

誠實說出自己的感受也有助別人敞開心扉

荷普．維戈在青春期罹患了厭食症，後來她在精神病房住了一年。現在，她用自身經驗挺身捍衛病人的權利、勉勵其他病友好起來，並爲破除精神疾病的汙名盡一份力。

在荷普的康復之路上，身邊親友的問候與傾聽眞的很重要。她出狀況的時候，旁人是從她體重過輕知道她內心的痛苦。自從出院以來，她就必須學會說出心裡的感受。她說：「我需要感覺到自己說出來的話被聽見了，否則我的大腦就會自動切換成『好吧，我只能用厭食來讓人看到我狀況不好』。」

荷普首度出院後，她馬上就發現自己還沒準備好，無法迎接外面的世界，也應付不來日常生活。在她的宣導工作中，她極力呼籲的一件事就是回去找你的全科醫生❶幫忙很重要，就算受到拒絕也不要放棄。「療程結束後，他們會期待你出院去過正常生活。但你還沒完全準備好，你沒有面對各種情況所需的能力或應對機制。不管是去旅行，還是去上大學，我必須自己努力摸索，找到辦法在人生各階段保持身心健康。回去向醫生求助，直到你得到自己需要的幫助爲止，這沒什麼不對。」

出院將近十年後，荷普的厭食症因外婆過世又復發了。接下來的兩個月眞的很痛苦，她搬出從前的那一套應對機制，又開始節食和過度運動了。「我求助過，但是得不到幫助，因爲我的體重在正常範圍內。有整整四星期的時間，我每分每秒情緒都很惡劣。我早上起來就先去健身房，運動完再一路哭著去上

編按：●為譯註；○為編註。

❶英國的醫療體制採診所註冊制，民眾需至居住地的診所註冊並選定全科醫生（General Practitioner），各種大小毛病先至診所諮詢你的全科醫生，經初步診斷後再視情況決定要不要去看專科醫生。

班。但我會把妝化好，告訴自己說『沒事』，裝一整天的堅強。傍晚搭地鐵回家，我又一路從頭哭到尾。回到家之後，我的身體和情緒都虛脫了。被醫生拒於門外三星期後，我差點就了結自己的性命，剛好這時我的小妹打電話來，我突然覺得要是我死了，就會影響到她考試的心情，她考不好就是我的錯。所以，接下來那星期，我又回去看醫生，請他開抗憂鬱劑給我。」

藥物對荷普眞的有幫助，但她很小心，除了親近的家人和朋友以外，她誰也不說，免得被人指指點點。「藥物給我度過一天和保持頭腦清楚需要的精力。藥物幫助我重新回到軌道上。一開始，我只把吃藥的事告訴我男友和我媽，後來我漸漸會跟一、兩個朋友講。我必須克服自己要靠吃藥才撐得下去的罪惡感。而且，我很擔心自己在藥物的作用下會變了一個人。但我們都要開始爲自己好，不要太在乎別人怎麼想。」

荷普發現，當她對人敞開心扉，別人也會開始跟她分享。「自從接受藥物治療以來，試著在朋友面前卸下一點心防，對我來講眞的很有幫助。要學會暴露自己的脆弱其實很難，我到現在也還是覺得很難。但現在當朋友傳訊息來問我好不好，我總會試著跟他們說實話。暴露自己的脆弱也會給別人對你打開心房的空間。結果到了現在，在我的朋友圈當中，聊起有關心理健康的話題變得再正常不過。」

當荷普想向人伸出觸角時，還有一件她會做的事情就是傳訊息讓人知道她的感受，但她也會請他們放心、表示她自己會處理，不用別人來幫她。「我剛出院上大學的時候，我會從學校傳訊息給我媽，就只是跟她說一句『我今天不太好』或『我有點難過』。只要這樣稍微跟她說一下，我就不用藉由不吃東西來表達內心的痛苦。但同時我也沒給她插手的空間，因爲我透露的不多。我最討厭的就是別人可憐我或插手我的事情。」

有時候當你心裡在掙扎時，你不一定想談自己的感受和情緒。但旁人大可不必顧慮，有問題直接問就可以了。「開口問清楚不會刺激到當事人，導致他做出什麼傻事來。我的病情復發時，我和我最要好的朋友一起沿著泰晤士河南岸散步，她就很直接地問我說：『你是不是又在算你的卡路里了？』她這麼直接眞的很有幫助，因爲這樣我就可以回她說：『對啊，我老毛病又犯了，但我在尋求幫助了。』這不只讓她放心，也讓我鬆一口氣。單刀直入攤開來講很有幫助，畢竟大家總是對厭食症諱莫如深，彷彿那是很可恥的一件事。像這樣打開天窗說亮話，反而一掃那種羞恥的感覺。」

荷普如果感覺沒人要聽，她就會縮回去，不再向人吐露心聲，而且會開始陷入反芻思維。反芻思維是指你反覆在腦海中咀嚼一件事，卡在牛角尖裡出不來。「如果我能說出來，就算沒人能解開我的心結，說出來還是有幫助。要是不說，都自己憋著，我的念頭就又會繞到食物上，因爲我會覺得我需要讓人看到我內心的痛苦。我需要讓人看到我狀況不對。所以，惡劣的感受就透過挨餓或狂算熱量顯現出來。接著，我可能就會開始想：『放棄算了，結束這一生吧。』而這個念頭可能會演變成負面思考的惡性循環。

「想找人說話的時候，有時只要閒話家常或宣洩一下就好。關於心理健康的話題有時可能感覺很尷尬或很不自在，但如果有人願意花時間陪在你身邊、只是聽你說說話，那就很棒了。這是很簡單的一件事，誰都做得到，但我們卻常常忘記。」

談心小叮嚀

- 傾聽很重要，因爲傾聽讓人感覺自己被聽見、被重視，而且值得支持。
- 如果有人跟你講一堆私事，感覺可能很尷尬，但不妨以平常心看待。
- 談話結束後，問問對方：「有沒有我幫得上忙的地方？」這種問話方式給了對方很大的空間和自由，需不需要你幫更多忙由他來決定。他可以跟你說：「不用，我只是想聊一聊而已。」也可以跟你說：「事實上，我想我需要更進一步的協助。」

♥照顧自己很重要。照顧自己的方式可能大如接受心理治療，也可能小如聽聽音樂。你一定要懂得把自己照顧好。我知道我如果沒把自己照顧好，最後我一定會受不了。

♥有時候，你只要在旁邊幫忙分散注意力就可以了。如果我心情真的很惡劣，我可能會打電話給我妹說：「你可不可以跟我說說話？」然後她就會開始講一些很無聊的事情。只要聽她東扯西聊，我就不會一直陷在惡劣的情緒裡了。

「『聽』不是一種感官反應，

而是一種心靈交流。」

——美國作家　娥蘇拉·勒瑰恩（Ursula K. Le Guin）

2

孤軍奮戰與並肩作戰

人都渴望關注。我們在團體中茁壯。我們是需要有別人在身邊的群居動物。感受到人我之間的連結是人類基本的需求，對我們的健康快樂來說也是不可或缺的要素。無論是跟伴侶、家人、朋友或同事之間的往來，有很多的證據都證明人際互動有益身心健康；反之，一旦被孤立了，我們就可能變得很不快樂。缺乏給自己支持的人際關係或覺得自己沒人可找，都會讓人覺得孤單寂寞，有些人甚至會極度不快樂或演變成憂鬱症。

孤單可能是心裡的感覺，而不是外在的情況。所謂的孤單寂寞和孤立無援，意思不是說你一個人住在人跡罕至的孤島上。在愛情裡，如果兩個人無法心意相通，你可能就會覺得非常孤單。當你得不到任何人的肯定，你也會覺得很孤單。置身在人群裡，或是滑手機看社群平台上的貼文時，你都可能產生孤單的感覺。數位世界可能加重那種隔絕感（我不屬於這裡、我對這一切沒有共鳴、沒人眞的懂我），因爲我們在網路上呈現出來的不見得是眞相，看這些內容的人也常常是透過濾鏡在看（這不只是比喻，三C產品還眞的有濾鏡功能）。科技給了我們無限的可能，但我們還是需要心與心的交流，才能建立有意義的人際關係。透過社群平台來聯絡為我們的生活帶來很大的方便，但虛擬世界取代不了眞實世界。

不管是得到支持，還是給別人支持，人際支持讓我們更能適應惡劣的狀況，而這份支持是需要培養的。傾聽可以加強並肩作戰的感覺。兩個人之間有意義的交流可以創造出眞誠的時刻。在這些眞誠的時刻裡，我們感覺受到傾聽、認同、理解與肯定。

人際互動以及我們從相互扶持中得到的好處，不只能幫助我們因應危機，在碰到困難時也是我們的一張安全網。對碰到困難的人來講，只要有人陪在身邊就是很大的支持。我們和別人的關係（以及別人和我們的關係）讓我們更強大。在關鍵時刻，我們希望有關心我們的人陪在身邊。我們可以向他們傾訴，也可以從他們那裡得到幫助。

我們透過了解別人的故事和問題來養成同理心。當人生碰到困難，我們知道開口求助很合理。人跟人彼此需要，我們從來沒有不需要別人的一天。互相傾聽、為彼此付出時間是我們可以下定決心去做的一件事，這件事會帶來很大的不同。

★專家分享★

付出全副的注意力，用心交流

如果你肯花時間讓親朋好友知道你在想他們，這對他們會是莫大的肯定。他們可能會意識到你一定是覺得他們值得你這麼做，所以你才會想到他們或跟他們聯絡。但人的思緒跑得比聽覺快，這代表我們常常雜念太多，沒辦法專心聽人講話。如果旁邊的人想跟你講話，你卻在看手機或想著你接下來要說什麼，這個人就不會跟你無話不談，因為他知道說了你也沒在聽。面對面跟人談話時，你可以透過眼神交流表示你有在聽，你沒有因為手機響而分心。你要把注意力擺在對方說的話上，並表現出恰當的反應。時間是你能給別人最珍貴的東西，尤其是在這個不斷有事情令人分心的忙碌世界裡。

傾聽不是一件消極被動的事情，而是非常積極主動的動作。你不只是把別人說的話聽進去，聽進去之後也要加以消化。傾聽是用心去體會，再用給對方時間思考、或許也為對方帶來新發現的方式給予回應。在撒瑪利亞會，沉默是我們的好工具。先安靜一下，把沉默當成思考的時間。如果太快回話，你說不定就打斷了對方想說的話——他們要把話說出口可能比我們要把話聽進去困難得多。

如果你問對方一個問題，而對方只回你一、兩個字，你可以先給對方一點空間，接著再說：「你能跟我多說一點嗎？」關鍵是讓人能夠在不被打斷的前提下摸索。只要試著誘導他們多說一點，他們就能把事情想得更清楚、更詳細。某方面來說，我們要做的是幫助他們繼續說下去，直到他們想清楚為止，並在他們思考有什麼辦法可選時，跟他們保持連線。

我覺得人有時候不敢主動接近看起來好像很痛苦的人，因為我們深怕自己說錯話。萬一不小心說了冒犯別人的話，也不知道對方會作何反應，所以感覺起來很冒險。但無論是跟你的家人、朋友或路上碰到的陌生人，你只需要和善一點，給對方時間和你全部的注意力，人與人的交流就會發生。

——已擔任三十七年撒瑪利亞會志工，
曾任理事會主席的珍妮（Jenni）

「我的體會是：

別人不會記得你說了什麼、做了什麼，

但絕不會忘記你給了他們什麼感受。」

—— 美國詩人　瑪雅・安吉羅（Maya Angelou）

傾聽沒有對錯可言

人際互動的和諧與緊張不是一門精確的科學。在「談話」這門藝術中，你不可能達到陰陽完美調和的狀態。但不要怕開口問你關心的人怎麼了。無論是朋友、家人、情人或同事，要跟自己認識的人談心常常都會讓我們很緊張，因爲我們覺得自己不具備幫助他們的技能。也或許我們覺得自己的問題就夠頭痛的了，若還要幫別人分憂解勞，那我們可吃不消。

有時很難知道如何展開棘手的談話。我們不敢過問別人的事，因爲擔心自己說錯話或幫倒忙。但請試著不要害怕做錯。你不必是個訓練有素的心理健康專家、諮商師或治療師，也能幫助碰到困難的人。爲能幫助別人，你可以多充實心理健康相關知識、多認識每個人在人生中都可能碰到的問題，了解一下這些問題會用什麼方式顯現出來。你可以練就主動傾聽的基本技巧，用設身處地的同理心對待別人，陪在他們身邊、多多和他們互動。你可以很有自信地站在（或坐在、走在）你想幫忙的這個人身邊，只要說一句「好，我們一起來想想這個問題」，就足以爲別人的人生帶來很大的不同。

想像有個朋友跟你說他低潮好一陣子了，他不知道該怎麼辦，你聽了可能很意外或錯愕不解——或許你會覺得自己早該發現端倪，也或許這位朋友看起來都好好的，他總是有說有笑地跟你和其他朋友打屁。你可能不知道說什麼好，但是別擔心，這種反應很正常，你大可只說一句「眞抱歉，我不知道要說什麼」或「聽起來太可怕了，我都不知道你有這種感覺」。與其立刻回應，或是結結巴巴地說出什麼未經深思熟慮的話，你還不如先跟對方說：「眞抱歉，一直以來我都不知道你的感受。我想我需要消化一下，因爲我現在眞的不知道能說什麼，但我想陪在你身邊。」

人永遠都會記得在一場美好的談話中受到傾聽的感覺，即使他們不記得談話的內容。從焦慮、難過到絕望，打電話來撒瑪利亞會的人有各式各樣的不愉快。他們可能會哭一哭、叫一叫，直到發洩夠了爲止。事後他們不會記得這通電話的細節，但是會記得這通電話給他們什麼感覺。來電者常說打電話給我們的感覺很放心，彷彿當下有人接住他們了，或彷彿巨大的負荷從他們肩頭卸下了。

在飽含情緒的高強度談話過後，如果談得不如你期望的順利也不用慌張。世上沒有完美的辦法可以應付棘手的談話。如果你表現出同理心，讓對方明白到他不孤單，也讓他知道要如何尋求更進一步的幫助，那你就已是功德無量了。談完以後，如果你感覺對方情緒還是很低落，那麼你可能要建議他再找別的幫手，無論是找諮商師聊，還是專門針對他的情況尋求專業的建議。

你可以試著說：

- 「你跟別人談過這件事嗎？」
- 「你想找人幫忙嗎？」

- 「要不要我幫你查一下有什麼求助的管道？」
- 「要我陪你一起去嗎？」

對於不願意進一步尋求協助的人，你或許可以跟他說：「你有信任的人可以找嗎？」或：「如果對你有幫助，你隨時都能找我聊。」

只要記得一件事：你不能逼任何人去尋求協助，他們得要自己準備好。你想幫助的人可能不想找正規的諮商師。他們可能想試試藥物治療，或是對加入互助團體比較有興趣。處境相同的人聚在一起可以分享彼此的經驗，比起找專業人士聊，跟其他同病相憐的人聊，感覺往往更爲自在。

你不能逼別人向你吐露心事，但只要讓他們知道你願意洗耳恭聽，或許就能改變他們的心態。有一天，他們或許就會覺得能跟你或別的對象大聊特聊。

「對分析師而言，
每一次的會談都必須沒有過去，
也沒有未來。
面對患者，『已知』的一切要麼是不實的，
要麼是無關緊要的……
『未知』才是每次會談唯一的重點。」

——英國精神分析學家　溫福雷德・比昂（Wilfred Bion）

★專家分享★

不用擔心說錯話

精神分析學家比昂寫到不帶記憶與渴望與患者會談，這讓我想到身為撒瑪利亞人是如何傾聽的——我們把來電者的身分背景拋諸腦後，當下只有一個想法，就是在談話的那一刻給予陪伴、用心傾聽，除此之外沒有別的想法。

最好、最有幫助的談話，就是當人說：「這對你來說意味著什麼？跟我說說你的經驗。那件事給你什麼感覺？在你感覺起來怎麼樣？這對你有什麼影響？」即使碰到你很陌生的情況，你也可以問一問這些問題，釐清你聽到的資訊。問這些問題不只能讓你更了解狀況，而且對於你在傾聽的人也可能一樣有幫助。

日常生活中，如果注意到旁人的表現不太對勁或看似情緒低落，主動開啓這一類的對話很重要。你要做的只是表達你的關切或說出你觀察到的異狀。對，有時可能感覺有點尷尬，或許是因為我們不想幫倒忙或說錯話。但只要說一句「你想聊的話，別忘了有我在」，就足以表達你的關心。而你也要真有此意才行，因為真誠的關心真的不一樣。真心是關鍵。破釜沉舟有話直說。就算你想錯了，就算對方不想跟你聊，問一問也沒損失。

在撒瑪利亞會接聽電話時，我從不擔心自己會不會說錯話。這可不是因為我目中無人或自信過人，而是因為我知道自己難免會說錯一、兩句話。說什麼才對真的很難講，但如果我老是擔心說錯話，那我永遠也開不了口。人非聖賢，孰能無過。我們都有做錯的時候，重點是錯了要能拉得下臉來說：「對不起，我誤會你的意思了，我們重新再來一遍吧。」或：「我好像說了什麼讓你不開心的話。我最不願意的就是惹你難過。我錯了。對不起。我們可以從頭來過嗎？」我真的覺得只要以開放的心和開放的頭腦去傾聽，我們其實就不會做錯。真誠就是一切。

對撒瑪利亞會的志工而言，同理心是先決條件，但勇氣也是談話之鑰。我會鼓勵大家在察覺別人情緒不對時勇敢開口，問問他們怎麼了。什麼都不說或假裝沒看到很容易。心想船到橋頭自然直，用「哎唷，我可不想幫倒忙」的想法來為自己開脫真的很容易。

唯一會幫倒忙的做法，就是不讓別人說他們要說的，只顧著說你自己想說的。如果朋友跟你說他失戀了，你的本能反應可能是跟他分享你自己的失戀經驗。雖然他或許能理解你的出發點是想跟他站在一起、讓他感覺不那麼孤單，但你一定要記得每個人的經驗都不一樣，儘管表面上或許有相似之處。所以，談話的重點不能跑到你和你的經驗上，而是要放在他身上和他正在經歷的事情上。在撒瑪利亞會，志工不會跟來電者說自己的個人經驗，就算他們問我們也一樣，因為這對他們的情況來說有什麼幫助呢？朋友之間的談話較有可能帶到個人的經驗上，但只要記得讓對方說出他想說的一切就對了。

有時，對方可能需要慫恿一下才肯說；也有時，談話得要有來有往。這都沒問題，只要我們知道自己為什麼這麼做、這麼做的動機是什麼。分享確實能為談話帶來進展，讓對方看到你們的共同點（你和他一樣都有脆弱的一面），也可以讓他放心對你敞開心扉。

在接聽來電時，最明智的做法往往是閉上我的嘴巴，讓對方自己把沉默填滿，來電者自然就會用自己高興的方式填補空白。我不需要跟他們說試試這個、試試那個、這樣做好了、我覺得這樣有幫助，因為他們向來都不在乎。對他們來講，重要的是找到屬於自己的辦法。我們只是提供一個空間。這當中沒什麼大道理，就是在該沉默的時候要懂得沉默。

小心不要預設對方會怎麼想或作何反應。即使是你很熟的人，你可能都不了解他的內心世界。抱持開放的心胸去傾聽。什麼情況都有，或許是失去親人，或許是沒了工作，或許是受到虐待，或許是淪為犯罪事件的受害者，當事人的反應各不相同，甚至出人意料。有些人可能碰到天大的事情，眼睛也不會眨一下；但看似微不足道的小事，對他們卻像世界末日。無論是人生中的重大事件，還是度過了倒楣的一天，傾聽是基於共同的人性去同理他人，看看自己能否給別人支持，把別人的不愉快認真當一回事來聽，讓他們有時間和空間消化自己的遭遇、理解自己的處境。

——撒瑪利亞會分會會長麥特（Matt）

傾聽小訣竅

同理他人也善待自己

善意受到嚴重的低估，然而，善意是對他人的需求表達理解的重要方式。你的善意對他人來講既有撫慰作用，也有實際的幫助。善意是同理心和人性化的表現，也是群體感和歸屬感的表現，而這一切對我們的心理健康都很重要。

善待自己也一樣重要。在這個競爭激烈的世界上，我們需要讓自己喘口氣，對自己寬容一點，要知道無論如何我們都夠好了。

錯誤為學習之母。做錯了或誤判了總是令人忐忑，我的應對方式是認錯、負責，然後坐下來，原諒自己是人而不是神！

——撒瑪利亞大使　茱莉・華特絲（Julie Walters）

3

認識壓力

身爲人類，我們都有心理健康，就像我們都有身體健康一樣。唯一的差別是心理健康看不見，這或許也是導致我們更難去談它的原因——如果你的手腳打了石膏，認識你的人看了就替你覺得疼，他們可能就會問你「痛不痛？」或「要多久才會好？」但我們沒辦法在額頭上貼一塊OK繃表示「我今天心煩意亂」，唯一讓人知道你不快樂的辦法就是說出來。但這世上有那麼多圍繞著心理健康的錯誤觀念，難怪大家不敢說出自己的負面情緒。

在人生中的不同時刻，從身心愉快到不快樂或很痛苦，每個人的情緒都有一個上下波動的範圍。有些人可能有臨床診斷上的心理問題或身心症，例如強迫症、躁鬱症或思覺失調症，使得他們更有可能多數時候都處於很痛苦、很混亂的情緒低谷。有些人則可能人生中有一些不愉快的遭遇，使得他們落入心理不健康的那一端，心生擔憂、情緒低落或有失眠的現象。有些人可能覺得孤單無依。有些人可能覺得緊張焦慮或壓力很大。我們要承認所有的喜怒哀樂都是這整個情緒波動範圍中的一部分。爲了避免負面情緒惡化成更嚴重的問題，對於自己和旁人的情緒落點在哪裡，我們都要有開口去談的準備。

戰或逃反應機制

了解一下聽音過程背後的神經科學，以及人爲什麼需要把心裡的感受說出來，也會有幫助。因爲這件事實際上跟生理層面很有關係。從神經學的角度而言，大腦當中掌管情緒的部分是很原始的，但處理危機感的戰或逃反應機制對身心雙方面都有非常眞實的影響。

戰或逃的反應從杏仁核開始。杏仁核是大腦中一個杏仁形狀的區域，負責決策、情緒反應和記憶的功能。意識到威脅的存在時，杏仁核就會做出反應，觸發神經系統。基本上，你會渾身充滿腎上腺素，變得力氣更大、動作更快，有助於逃跑。

伴隨著腎上腺素飆升的生理反應是血壓升高。爲了把氧氣和糖分送到肌肉，你的心跳開始加速，排汗量隨著血流改變而增加，肺臟隨著喘氣而工作得更賣力，胃部翻攪，血管擴張，肌肉緊繃。你可能會發抖、臉色發白或臉色脹紅，而且口乾舌燥。

對我們的祖先來講，戰或逃機制是必要的功能，因爲在狩獵或逃避天敵時，他們需要瞬間的爆發力。時至今日，在面臨需要爆發力的挑戰或災難時，戰或逃機制對某些人來說仍有必要，例如要參加賽跑的運動員或進入火災現場的消防員。但如果你既不是鬥劍士，也不是拳擊手，更不需要去救掉進河裡的人呢？面臨情緒問題而非人身安全的威脅時，人也會產生一樣的壓力反應，此時，我們的身體也用一樣的方式做出回應。

短期而言，發生了不好的事情、我們要緊急做出因應時，壓力反應是有幫助的。它幫我們卯足全力、衝破難關。我們每天從床上爬起來、一步一步向前走、去做我們必須要做的一切，或許都是拜壓力反應之賜。但長期處於這種狀態卻是行不通的，一旦戰或逃機制激發的腎上腺素消退下來，我們就會突然變得筋疲力竭、渾身虛脫。

多數時候，人會自我調節；但有時候，人可能一再產生壓力反應。就像電線一再短路，壓力反應可能變得很難關掉，因而導致焦慮、恐懼、憂鬱或暴怒。我們的認知變得扭曲——我們可能覺得一切都不受控制，或我們可能爲了設法改變情況而極力加以控制。這種情緒反應加上生理反應反覆發作的情況，就是所謂的恐慌發作。

說話的舉動對管理我們的身心健康有著很重要的功能。我們藉由說話整理和表達情緒，內心的感受經過這個消化和沉澱的過程，大腦就能開始思考。一旦大腦恢復思考的活動，我們慢慢就能想出一些辦法，因爲我們的情緒和思緒不再那麼混亂。撒瑪利亞傾聽法之所以這麼有效，其中一個原因就在於此。透過傾聽，我們讓別人說話，以助他們理清思緒、形成自己的結論。

壓力如何影響大腦①

壓力會影響我們腦部的化學作用。從杏仁核釋放出來的壓力荷爾蒙（皮質醇和腎上腺素）遍及腦部和全身。不管導火線是一隻大熊，還是過期的帳單，都會引發一樣的壓力反

①此小節內容係作者摘自英國心理治療委員會（UKCP）杜威・圖納醫生（Dr. Dwight Turner）的理論寫成。

應。若是不將壓力排解掉，日積月累之下，我們的身體就會不舒服，因爲長期處於慢性壓力下會影響我們的思維運作。

壓力也會影響腦部的功能。從杏仁核湧出的壓力荷爾蒙暫時關閉了腦部的前額葉皮質（負責認知思維的部分），神經活動集中在杏仁核和腦部的原始功能區，名副其實地開啓了我們的生存模式。一旦開始生存模式，我們就會有瞬間的爆發力，但同時也無法清楚地思考。

腦部切換到原始的本能，理性思考的能力就變弱了。大腦的邏輯和語言功能讓給求生功能，身體專注在要靠戰鬥或逃跑來求生的課題上。未能透過放鬆和運動來紓解的長期壓力有可能危及性命。前額葉皮質本來只是暫時萎縮，長期的壓力使得前額葉皮質一直保持在萎縮狀態，並使得杏仁核的尺寸增大，進而壓縮到腦部理性思考和冷靜計畫的部分。長期的慢性壓力不僅影響到腦部的尺寸、功能和結構，甚至還會影響你的基因。

這就跟大腦的學習能力一樣：如果你每天練吉他八小時，大腦負責協助你彈吉他的部分就會變大。如果你每天想壓力很大的事情想八個小時，腦中負責壓力反應的部分就會變大。

腦部偵測到壓力就會分泌皮質醇，讓你的身體準備採取行動。隨著皮質醇指數升高，海馬迴（大腦中跟推理、記憶和壓力控制有關的部分）當中的電訊就會減弱。所以，一旦海馬迴退化，控制壓力的能力就會變差。慢性壓力也會導致海馬迴產生的腦部新細胞減少，使得學習和記憶都變得更困難，也爲憂鬱症和阿茲海默症等更嚴重的問題埋下隱憂。

好消息是運動、休息和靜坐等簡單的活動就能減少體內的皮質醇，幫你抵銷壓力造成的衝擊。持續從事這些活動，直到你覺得比較平靜了爲止。注意身心雙方面的徵兆，例如你的思緒和心跳是否慢下來了。

4-4-4呼吸法放鬆練習

聽起來可能很簡單，但控制呼吸確實能減輕緊張和焦慮的感覺，讓人很快平靜下來。

4-4-4呼吸法很好記，而且幾乎在哪兒都能做。只要有需要就練習一下，並跟你覺得可能有需要的人分享。

你要做的只是：

1. 吸氣4秒鐘。
2. 閉氣4秒鐘。
3. 吐氣4秒鐘。
4. 等4秒鐘再吸氣。

焦慮症患者或壓力很大的人可能已經知道什麼會觸發他們的負面想法和感受。如果你知道自己快要發作了，或是在剛開始發作的時候，你就可以用這個呼吸練習幫助自己緩和下來。

肌肉放鬆練習

這個技巧會教你循序漸進地放鬆肌肉。有些人覺得一旦肌肉放鬆了，心情也會跟著比較平靜。整個過程可能要花五分鐘左右，但你也可以自己決定要練習多久。

漸進式的肌肉放鬆牽涉到依序繃緊和放鬆成對的肌肉。一邊放鬆肌肉、一邊想像壓力從體內釋放出來也有幫助。爲能順利進行，你需要一個安靜的私人空間。在開始之前，不妨先把這個簡單技巧的各個步驟讀一遍。

- 找個地方坐下來，雙腳著地與肩同寬。如果你比較喜歡躺著，也可以找個地方躺下來。
- 從鼻子深吸一口氣，閉氣幾秒鐘，接著從嘴巴慢慢把氣吐掉。

- 把注意力集中在你的身體上。注意全身上下有什麼知覺感受。持續緩慢、穩定地深呼吸。
- 如果發覺自己的思緒飄走了，提醒自己注意一下，接著輕輕地把注意力拉回你的身體上。
- 從頭部肌肉開始。抬高眉毛，停住十秒鐘，用這種方式繃緊額頭兩邊的肌肉。一邊吸氣，一邊繃緊這些肌肉。
- 現在，放鬆下來。一邊呼氣，一邊想像壓力離開你的身體。
- 休息幾秒鐘，接著依序往下放鬆全身肌肉。從臉部其他的肌肉開始，再進行到頸部和肩膀，接著到手臂、胸部、腹部、腿部和足部。

- 結束後不要立刻起身。在原地停留一分鐘左右。最後慢慢起身。

每當察覺到自己壓力很大或焦慮起來的時候，你就可以練習這個技巧。如果你覺得有誰很難放鬆下來，也可以跟他們分享這個技巧。

實例分享

別怕開口求助

二十三歲的蘇菲從十七歲左右開始有焦慮的情形。高中階段，她在課業壓力和同儕壓力下掙扎，找不到自我認同。她說曾經有過那麼一刻，身邊圍繞著她在班上的一大群朋友，但她卻覺得自己分外孤單。那種孤絕感引起一波波的焦慮。上大學之後，情況似乎更嚴重了。蘇菲意識到自己不對勁，所以，大一那年的夏天，她向兩個朋友吐露她的感受。「我覺得是時候說出來了。我需要支持。當時我們三人一起去度假。我知道她們跑不掉。她們聽了只說：『沒關係。回去以後，我們可以去找醫生，看看要怎麼解決。』」

但當她從學校回家過暑假時，她心裡卻更煎熬了。蘇菲嚴重到每天早上醒來就覺得接下來兩年的大學生活撐不過去。她覺得她的負面念頭和情緒會癱瘓她的生活。她怕讓父母擔心，也怕自己成爲父母的負擔，所以不知道怎麼告訴他們。最後，她用手機傳簡訊跟他們說：「我很痛苦。我覺得我需要幫助。」

到那天下班回家之前，她的父母已有時間做好跟她談情緒問題的準備，所以他們很冷靜。他們表現得很支持，也謝謝蘇菲讓他們知道狀況。他們幫她預約了醫生，並提議陪她一起去，但也接受她比較想找朋友陪她去的選擇。

看醫生之前，蘇菲先打了一份很長的草稿，寫下她的一切想法和感受，因爲她承受不了一件件去談的壓力。醫生診斷她有焦慮症和憂鬱症，但卻沒告訴她接下來怎麼辦，以至於她看完醫生也只覺得很茫然。「診斷結果出來以後，感覺就像全世界暗了下來。我要自己想辦法，醫生叫我去讀相關資料，如果可以就找人談。可是沒人幫我排約做諮商，他們只是給我一份衛教宣導傳單，就這樣。」

不幸的是，接下來兩年的大學生活，蘇菲的壓力和焦慮更嚴重了。她談了一段很糟糕的戀愛，對方深深打擊她的自信心。她陷入焦慮、恐慌發作和負面念頭的循環。分手後適逢暑假，多數時間她都一個人在家。「我覺得自己一點存在的價值也沒有。一切都沒有意義，因爲我甚至沒辦法在班上站起來做報告。我不知道大學畢業後我要怎麼找工作。」

蘇菲的焦慮症惡化到早上一醒來就害怕，彷彿有什麼可怕的事情會發生，而且這種害怕的感覺會延續一整天。「我活在恐懼之中，怕會出什麼差錯，怕會發生不好的事情，老是擔心自己做錯或說錯什麼。

「我會心悸、冒汗、發抖，覺得吸不到空氣。感覺就像我在一個又黑又深的洞裡，沒有梯子可以爬上去；或就算有梯子也只降下來半截，我搆不著。我一醒來就想：我要怎麼度過接下來的十二小時？有些日子我無法面對，所以就一直躺在床上。」

蘇菲回去看醫生，排了認知行為治療的約，要等七個月左右才能輪到她。在這段時間，她覺得自己需要更即時的幫助。「還記得有一天，我一醒來就焦慮，不知如何度過這一天。我沒有自殺的衝動，但我知道自己不能再這樣過日子了。我受不了那種惡劣的感受。我不能老是在恐懼中醒來，懷著恐慌的感覺，一直恐慌到夜裡上床睡覺為止。我不知道焦慮到這種地步要怎麼活。我爸媽在上班，我打電話給他們，他們告訴我怎麼安排一天——看看電視、出去散個步、集中精神做些有的沒有的。」

但蘇菲一個人在家，深陷黑暗之中，自我懷疑和自我否定的念頭加速狂奔。「我不知道該拿自己怎麼辦，感覺就像我沒有出路。我有一股迫切想把一切抒發出來的衝動。」於是，她打電話到撒瑪利亞會。「他們從不對我說『你應該這樣、你應該那樣』。他們問我：『你覺得要怎麼度過這段時間呢？你要怎麼幫自己的忙呢？』在他們的誘導之下，我自己消化我的想法，自己把事情想清楚。

「我跟他們聊了有一個小時吧。也沒聊什麼，就是把發生過的一切都說出來。有人聽我說話正是我需要的。跟他們聊過以後，感覺真的就像有一副重擔從肩膀上卸下來了。聽我說話的人像是了解我的感受。他們提醒了我：我有一些辦法可以幫助自己度過這段時間。光是有人聽我說話的幫助就很大。我覺得我完全可以誠實地承認我不知道如何度過這一天。他們沒跟我說什麼大道理，就只是聽而已。有他們在聽，我就覺得沒那麼孤單了。」

焦慮症求助小叮嚀

♥ 做好準備。先列一份大綱，寫下你的感受，到了醫生那裡，你才知道要說什麼。對我來講，列清單總是有幫助。我也會列出要如何安排一天，即使我寫的只是沖澡、看電視、不要用社群媒體、或在某個時間出去散步。

♥ 用傳簡訊的方式讓某個人知道你想找他聊，這樣不只可以讓他有一點時間做準備，也可以給你們雙方一點緩衝。

♥ 表明你的需求。讓人明白你只是想要聊一聊、只是希望感覺有人陪就好，他們不必給你立即的協助，甚至不必給你任何協助。甘苦與共才是重點所在。我不想聽到有人跟我說：「你幹麼不轉學或去找工作就好了？」我希望他們能支持我，而不是評論我所做的選擇。

♥只是讓人知道你的狀況就有安定的作用，因爲如果你可以說：「我今天情緒不太好」，那就表示你知道他們明白你在說什麼、他們聽了不會覺得尷尬。而知道別人了解並且接納你的狀況，不只會讓一切比較容易，也會讓你感覺受到支持。現在我知道家人和朋友都會陪在我身邊，如果眞的需要幫助，我可以去找他們。

4

如何判斷
這個人是否需要聊一聊

我們都有好日子和壞日子，這是生而為人的一部分。有時候，我們可能莫名就有一股起床氣，一醒來就情緒惡劣，或是厭倦了日復一日的工作壓力、交際應酬和親友間的種種摩擦。照美國心理學家柯瑞・基斯（Corey Keyes）的說法，從「心盛」（flourishing）、「心常」（moderate）到「心衰」（languishing），在人生中的不同時期，我們都可能歷經情緒健康的高峰與低谷，而「心衰」通常就代表臨床上的心理疾病。

有可能你或你認識的人碰到了什麼事情，日常的煩惱像滾雪球般越滾越大，表面上微不足道的小事頓時感覺無法承受。也或許各種因素加起來形成莫大的壓力，例如工作不順又剛好跟朋友吵架，或是經濟壓力伴隨著家庭不睦。或許三、四件倒楣的事情同時發生，本來可以當成單一事件來處理的狀況，一時變得令人難以招架或措手不及。

所以，你要如何判斷一個人是否碰到了困難呢？

在撒瑪利亞會，我們知道人之所以覺得日子難過，某些原因在於債務或其他經濟問題、失業、工作壓力、感情破裂、家庭問題和孤單寂寞的感受。男人在心裡難過的時候尤其很難說出口，也不想讓自己的問題成爲別人的負擔。首先，你要承認自己不見得都能察覺旁人的異狀。負面情緒有可能很難察覺，每個人面對事情的應對方式各不相同，你可能很難注意到身邊的人心裡很苦的跡象。有些人會暴飲暴食，有些人會不吃不喝。有些人看起來很低落，有些人則用說說笑笑轉移注意力。有些人性慾高漲，有些人性慾盡失。你要注意的是平常行爲模式的顯著變化。平常很外向的人突然變得退縮，或內向的人突然外向起來，又或者這個人不再做自己本來很喜歡的事，那可能就有狀況了。通常只要憑著直覺，你就能判斷一個人的表現是否反常。

一年當中的某些時節可能會放大孤單寂寞的感受，例如聖誕節，感覺好像每個人都在爲家人團聚、採買和交換禮物興奮不已，日曆上塡滿了社交活動。但對許多人來講，節日只會激起焦慮的感受。年節必須一個人度過，或在親友過世後獨自面對生日、週年紀念日、假日或節日，都可能帶來澎湃洶湧的情緒。平常看似瑣碎的事情，這時也可能變成導火線，形成分外的壓力，所以在這些節骨眼上要格外小心。

值得注意的反常表現

或許你有個朋友最近不太跟人往來。你可能擔心某位同事怎麼沒來上班，或你可能注意到你的另一半比平常更疲憊、更封閉、不願像往常一樣跟你溝通。別怕開口說：「希望你不介意我這麼說，但你好像有點反常。你還好嗎？」多數人的直覺反應都是回一句：「我沒事。」但你還是可以再接著說：「好，沒關係，但你如果有事，我可以陪你聊，我很願意聽你說說發生了什麼事。無論如何，我都會在你身邊。」

顯示出一個人可能有狀況的跡象和行爲包括：

- 缺乏活力或顯得特別累。
- 顯得易怒、不安、煩躁。

- 總是動不動就想哭。
- 不想跟人說話，或不想跟人接觸。
- 不想做平常愛做的事情。
- 作息改變，例如睡或吃得比平常多或少。
- 用酒精或藥物麻痺自己。
- 覺得連應付日常起居都很艱難。
- 討厭自己或不想照顧自己，或覺得自己不重要。
- 不像平常一樣靈活，變得笨手笨腳或很容易出意外。

- 變得封閉退縮，不和親友聯絡。
- 不回訊息或感覺很冷淡。
- 變得暴躁、有攻擊性或防衛心很重。
- 做很多冒險的事情，或有自毀的傾向。

遭遇重大的人生變化

要解讀別人的感受可能很困難，有些人不會表現出前面所列的明顯變化。每個人的情緒表現方式各不相同。你跟你關心的人如果很少見面，你可能又更難察覺到異狀。要知道某些情況會影響一個人的情緒，例如：

- 人際關係和家庭問題。
- 痛失所愛，包括朋友或家人過世。
- 經濟壓力。
- 工作相關的壓力。
- 課業壓力。
- 孤單和孤立的處境。
- 憂鬱症。
- 導致肢體疼痛或傷殘的疾病。

上列清單詳細列舉了重大的改變，身邊的人如果碰到了諸如此類的人生巨變，你更要多加注意他們的情況，因爲這些巨變都會帶來新的情緒衝擊。通常這些特殊時期會過去，我們會振作起來，調整好自己的步伐，適應與過往不同的處境。遭逢人生巨變也可能帶來正面的結果，例如個人的成長和新的機會。但適應的過程可能很難很累，而且非我們所能控制的變化會讓人情緒焦慮、壓力倍增。以上述情況而言，我們絕不該低估互相表達關切的重要性。如果你注意到有人的行爲異於平常，那就抽空問候他一下，看看他是不是碰到什麼事了。

有時候，身邊的人說的一些話也有助你察覺他在痛苦中掙扎。注意聽有沒有充滿否定的自我對話，例如貶低自己，或是吐露絕望、無助、沒用之類的感受。他們可能會提到受困的感覺，彷彿他們無法掙脫內在的思維和感受，或他們渴望逃離外在世界的一切。

他們可能會拋出引導式的句子，或許是在口頭上，或許是在社群媒體的訊息中，例如：「你不會相信我發生什麼事。」或：「好像全世界都在跟我作對。」有時候，說這些話的人是希望你能接話。問問他們說這話是什麼意思，這樣他們就能說出心裡的感受。或者，他們可能會說一些自我否定的話，例如：「沒人愛我。」或：「我在這世上就是浪費空間。」說這些話的時候，他們往往會假裝自己在開玩笑。

每個人面對逆境的反應都不一樣。在痛苦中掙扎的人不見得都會用前述的方式來表達。事實上，有些人可能變得比平常沉默，或變得完全不貼文、不傳訊息之類的。如果你擔心某個人的狀況，你想問候他一下、確認他是否OK，不妨試著用你平常跟他溝通的管道。

傾聽小訣竅

注意說話者的語氣

聽人說話時，注意他們的語氣和整體的狀態。如果你看到持續的情緒低落、冒險行為、或察覺到某個人有封閉退縮的表現，這時可能就需要多多跟他互動。注意並對正面的改變予以肯定，提出開放式的問題。

此外，也要注意你在傾聽的這個人是否變得麻木，或對生活中發生的事情越來越冷淡。這可能表示他需要提高約診的頻率，或需要治療師更多的協助（如果他有治療師的話），又或者家人和朋友要給他更多的支持。

工作上，你可能注意到某個同事突然就不再跟人往來，一再退出社交活動，或不想被人問到「你好嗎？」之類的問題。這也可能表示他碰到什麼難題或困境了。

——英國心理治療委員會心理治療師

安迪．萊恩（Andy Ryan）

正視求助的訊號

伊莉莎白在歷經一段重度憂鬱期後致電撒瑪利亞會。出了一場嚴重車禍後，她就一直很痛苦，覺得自己既孤單又無助。由於不能開車去上班，她失去了一份新工作，腦袋裡的念頭也開始不受控制。一天夜裡，伊莉莎白憂鬱到寫了告別信給親人，她雖然不想結束自己的生命，卻也不知如何活下去——隧道的盡頭沒有光。

伊莉莎白的家人和朋友注意到的一個警訊，就是她不再和他們在群組裡東扯西聊了。通常很愛說笑的她越來越安靜，直到再也不出聲爲止。她通常隔週就會跟朋友出去，但她開始找藉口推辭。跟朋友們在一起的時候，她也不像往常那樣活潑外向。

要察覺一個人情緒低落、憂鬱或焦慮不見得容易，如果這個人退出了平常的社交活動，旁人要察覺異狀又更難了。伊莉莎白的建議是：「務必問兩次。你可以說：『你確定你沒事嗎？你想聊一聊嗎？你需要的話，有我在喔！』我們英國人很習慣說：『你好嗎？』但這只是一句禮貌的問候。所以，有時候要追加一句：『你確定嗎？』幫助對方打開話匣子。」

很多時候，我們只顧想著自己接下來要說什麼，卻沒在聽對方說了什麼。「每個人都忙著出意見。對我來講，當我終於鼓起勇氣說出我的心事，不管是跟家人說，還是跟朋友說，有時感覺就像他們只想把自己的意見塞給我。『你爲什麼不這麼做呢？你爲什麼不那樣做呢？就休息一下、泡個澡、喝杯茶嘛！』我心裡就會想：『你眞的有在聽嗎？還是你只想發表自己的意見？』他們會把焦點放在他們自以爲的解決辦法上，而不是好好聽我說。得到這種反應只會讓我更退縮而已。」

即使覺得很難鼓起勇氣說出來，伊莉莎白現在發現攤開來談有助她從不同的角度去看待或感受一件事，因爲能廣納別人的意見是好事。現在，當她跟朋友說她覺得有點焦慮時，因爲他們了解她，他們可能就會說：「或許不必那麼擔心。」或：「你想過試試這個辦法嗎？這個辦法之前對你有幫助。」

「有時候，你可能會對別人說的話有共鳴，而且稍微用不同的角度去思考，不要只是被自己的思緒淹沒，對你也會有幫助。」伊莉莎白說：「有時，得到一點安慰或提醒我不用擔心那麼多也不錯。家人和朋友比任何人都了解你，在提供不同的觀點時，他們越了解你就越有幫助。但我覺得最有幫助的是當他們說：『聽起來你的意思是……，是這樣嗎？你有沒有想過或許……。』而不是只顧著告訴我：『我覺得你應該怎樣怎樣。』」

伊莉莎白明白關心你的人有多難跨出碰觸敏感話題的第一步。「有時，你可能覺得很難向疑似碰到情緒問題的人表達關懷。你或許不知道該說什麼，又或者擔心對方如果告訴你了，你也不知道怎麼處理。但不妨就給對方一點時間打開心房吧。如果你拿一連串的問題轟炸他，他只會覺得你咄咄逼人而已，結果他可能就會退縮或採取防衛的姿態。如果你們一起去散個步，只是很平常地聊聊天，你可能就會掌握到自然而然讓對方暢所欲言的節奏。」

陷入憂鬱症的低潮時，另一個阻止伊莉莎白說出內心感受的障礙，是她不想成爲別人的負擔。「我覺得如果我去跟家人說我的問題，他們會很擔心我。對我來講，這又加重了我的內疚，變成我的另一種心理負擔。你不想成爲別人的負擔，也不願浪費別人的時間，於是你就落入一種『我不值得別人費心』的心態。但說到底，那就只是一種心態而已。」

伊莉莎白去見諮商師的時候，他們常在外面散步聊天。「坐在診療室裡，像接受拷問一樣的感覺可能很嚇人，但有人陪你散步就給了你很大的思考空間。回顧起來，如果我能跟朋友或家人散散步、聊聊天，那就太好了。有時因爲你心裡很亂，所以眞的很難跟人聊。你可能會擔心別人無法理解你。但我眞的很喜歡到外面散步，就實際的空間和抽象的空間兩種層面而言，這種方式都給了我一點談話的空間。」

她還發現一件事，就是坦誠的談話讓人很緊張。「我因爲車禍受傷被辭退的時候，大家都不敢置信，只有兩、三個人跟我聯絡。後來我才知道，其他人之所以不跟我聯絡，是因爲他們不知道要說什麼。他們想到要跟我聯絡就緊張。有時候，你說什麼其實不重要，只要傳個訊息說『想你了』，就足以提醒某個人他很重要。或者，你也可以只說一句『你還好嗎？希望你沒事』就好了。不用多慮或想太多，只要一個小小的舉動，例如傳個簡訊之類的，感覺可能就像救生圈。」

伊莉莎白現在體認到向人吐露內心感受的力量，也體認到這麼做是多麼積級正面的一件事。「我知道人都怕被人指指點點，尤其是在心理健康這方面。

但『說出來』和『善待他人』才是唯一的出路。只要有一個人鼓起勇氣說出來，就能創造骨牌效應。我還在念書的時候，沒人談心理健康的課題，所以要到我自己經歷過了，我才明白別人也有一樣的感覺。我一開始談自己的經驗就有助於別人也說出來，彷彿我給了他們勇氣說：『嗯，如果她做得到，或許我也做得到。』人都善於強顏歡笑，但你不一定要逞強。撐不住了也沒關係。」

進行棘手談話的小叮嚀

♥ 多數人都沒辦法立刻敞開心扉，這件事需要時間。你不能逼別人跟你大聊特聊。我知道如果有人試圖逼我跟他聊，我反而會把自己關起來。這就像是一種自我防衛機制，如果你感覺受到攻擊或壓迫，那你心裡自然會產生反彈。所以，只要讓人知道想聊隨時可以找你聊就好了。等他們準備好說不定是幾星期之後的事了。

♥把注意力放在對你傾訴的人身上。切記一個好的傾聽者會跟傾訴者互動，並透過眼神接觸和正面的肢體語言讓對方感受到你有在聽，例如不時點個頭，以及避免做出叉著手或翹著腳的動作。

♥不要叫人「開心點嘛」，這種話只會讓人難過十倍，因爲它間接否定了對方的感受。你可能忍不住就想說「還有人比你更慘」之類的話，只因你也不知還能說什麼，但這種話眞的會讓人覺得自己無足輕重。

♥試試到外面邊散步邊聊，接下來，你要做的就只是問一些問題，對答案表現出有興趣聽的態度。給對方說話的時間和空間是最重要的一件事了。

專家分享

及時的問候總是最好的

我們活在一個當你被問到「你好嗎？」就要回答「我很好」的世界，讓人很難承認自己過得不好或心裡很苦需要聊一聊。我們常常莫名感覺到某個人不太對勁，在這種時候，我認為最好的做法就是傳個簡訊，簡單問候一聲：「你還好嗎？」如果對方變得有點退縮，偏離了日常生活的軌道，例如平常會去的酒吧猜謎之夜❷或健身課都不去了，你可能就很難判斷他是不是出了什麼事。如果他老是待在家，不太想出去，或許就表示他有狀況，但這也意味著你更難知道他的狀況了。

要去關切別人的狀況，我們常常都會覺得很緊張，也可能覺得沒事不要

太雞婆，或不想干涉別人的事。但及時的問候總是最好的，而且無論對方想不想跟你聊，知道有你在可能都會讓他覺得很感激。你可以只是傳個簡單的訊息說：「嘿，沒看到你真的很想你。」或：「只是看看你是否一切都好。問候一下而已，不用覺得非回我不可。」再或者：「剛看到你在推特的貼文，沒事吧？」

有時候，辦法很簡單，你只要刻意跟你想問候的人同時去茶水間，邊泡茶邊藉機問一句：「嘿，一切都好嗎？我超久沒看到你了欸。」對方可能不會立刻回應，但有了這個開場白，至少能讓對方知道你關心他、需要的話有你在。

❷每週一次的猜謎之夜（pub quiz）為英式酒吧自一九七〇年代以來流行的酒吧活動。

如果我用傳簡訊的方式問候某個人，我一定會加上一句「不用急著回我沒關係」。有時候，人在情緒低潮時要回簡訊可能很困難，他們也可能覺得必須強顏歡笑說自己沒事。把回不回的決定權交給他們，請他們放心，讓他們知道你不期待得到回應，他們不必刻意做什麼或說什麼，才是理想的問候方式。

伸出觸角、主動聯絡，在對方感覺起來可能就像拋來了一條救命索。

——撒瑪利亞會傾聽志工康茜妲（Concetta）

當有人需要更進一步的協助時②

有幾種線索可助我們判斷是否需要幫某位朋友尋求更多的協助。口語表達上的警訊包括了：

- 「我再也受不了了。」
- 「反正沒人在乎我。」
- 「再也沒有意義了。」
- 「永遠也好不了了。」

②此小節內容係作者摘自英國心理治療委員會心理治療師克里斯汀・巴克蘭朵醫生（Dr. Christian Buckland）的理論寫成。

- 「要是沒有我，大家都會比較好過。」
- 「怎樣都無所謂了。」
- 「我不想活了。」

他們也可能提到心情上的巨大轉變，例如：

- 孤單
- 憤怒
- 絕望
- 難以承受的愧疚感

- 覺得走投無路
- 覺得一文不值
- 覺得孤立無援
- 悲傷難過

你或他們自己可能注意到他們的言行舉止有明顯的改變，包括：

- 動不動就哭
- 突然情緒爆發
- 蓄意自殘

- 冒險的行爲變多
- 退縮封閉或社交孤立
- 安排身後事
- 交代遺言
- 把自己的東西送人或捐出去
- 明顯的行爲異常
- 飲酒量或服藥量增加
- 暴食或厭食

求助資源

如果你的朋友需要幫助，你可能很難分辨最適合他去求助的地方是哪裡。如果你覺得情況危急、需要立即處理，那麼打給一一九或到附近的醫院掛急診是最保險的做法。如果不需要立即處理，但你感覺這位朋友確實需要盡快得到幫助，不妨建議他先跟全科醫生談一談，或打給國民保健署一一一專線（NHS 111），他們會評估你朋友目前的狀況，並透過當地官方機構或私人機構提供轉診服務（如果當地有相關私人機構可供選擇的話）❸。

有些人覺得很難跟他們的全科醫生聊，尤其是話題很敏感的時候。如果他們需要更多的時間和空間，那麼心理治療師真的幫得上忙。令人遺憾的是，這種提供深入協助的心輔資源在英國各地分配不均，而且約診等候名單往往很長。但有時透過全科醫生轉診給國民保健署

❸此處敘述適用於英國，在台灣則可撥打衛生福利部1925免付費安心專線。

體系內的心理治療師❹是有可能的。不妨鼓勵你的朋友向全科醫生諮詢他們的選項，想一想談話式的治療方式能否成爲給他們支持、幫助他們復原的重要部分。

當然，你也可以把撒瑪利亞會推薦給朋友。撒瑪利亞會的傾聽服務可以單獨服用，也可以搭配其他療法一起服用，所以把它推薦給朋友準沒錯。致電一一六一二三，或寄email到jo@samaritans.org。

---

❹在英國的醫療體系中，心理治療師（psychotherapist）泛指諮商心理師、臨床心理師及其他心理健康專業人士，醫療心理治療師（medical psychotherapist）則為專攻精神醫學並受過三至四年心理治療訓練的醫生。

【第二部】

一流傾聽高手養成術

「站出來發言是勇氣，
坐下來聽也是勇氣。」

——前英國首相　邱吉爾（Winston Churchill）

5

如何碰觸敏感話題

打開話匣子

首先你需要勇氣

要開啓一段你覺得可能很困難、很深入或甚至很痛苦的談話，做法沒有對錯，無論對方是面臨喪親之痛，還是宣告破產，抑或是苦於要不要出櫃，又或者剛宣布離婚，最重要的就是陪在他們身邊，噓寒問暖一下，把你的關懷表現出來。你可以帶點食物去他們家，或純粹過去串個門子，看看他們的狀況。有時候，當事人並不想一直被人問「你還好吧？」。雖然有些人喜歡別人直接一點，但也有些人希望別人委婉一點，所以，不妨問問對方你怎麼做才好。只要讓他們知道想聊的時候可以找你聊，就已邁出了第一步，而且是很大的一步——只要你人在那裡或找得到你就夠了。

但下一步可就麻煩了。你可能擔心自己不具備幫助這位朋友度過難關的專業知識。你也可能怕朋友說的話勾起你的傷心往事（相關建議參見第320～321頁）。你可能擔心一旦打開了話匣子，朋友的眼淚會像水龍頭一樣流個不停，讓你不知所措。有這些顧慮很正常。無論你是內向型、外向型、多慮型或雞婆型的人，提供或接受幫助的方式沒有對錯，當下怎麼反應或回應也沒有對錯。但如果我們知道如何判斷一個人是否需要聊一聊、是否需要有人聽他傾訴，那麼我們至少可以盡力給予協助。

跟人聊有無數種可能的結果，而且談話雙方都可能覺得困惑或挫折，但也可能帶來更深的了解或釐清來龍去脈。無論結果是什麼，事情總能有或大或小的改變。

多問一句「你確定嗎？」

有時如果對方說的話跟他們的表現不符，你可以試著挖得更深一點。「你確定嗎？」是一個強而有力的問句，它可以暗示對方誠實說出來沒關係。人生中的某些時刻，就算明明很生氣、很難過、很沮喪、很焦慮或有任何不好的情緒，被問到「你好嗎？」的人還是會回答「很好啊」、「沒什麼好抱怨的」或「還不錯」。我們都學過當人問你「How are you?」，就要回答「I'm fine」，但你說不定也聽過「fine」這個字被拆解成：

F —— freaked out（驚慌失措）

I —— insecure（不安）

N —— neurotic（神經質）

E —— emotional（情緒激動）

所以，稍微多問一句「你好嗎？」，真的幫助很大，一來可以讓對方知道有你關心他，二來也讓對方知道你的問候不只是基於禮貌而已。

建立信任感

對話在傾訴者和傾聽者之間形成一種關係，而這份關係必須建立在信任之上才會有意義或有影響力。培養信任感需要時間。每一種對話都不一樣，每個人也都不一樣，有些人可能要一段時間才能敞開心扉或平靜下來道出一切。有些人可能想哭卻哭不出來，只要給他一個安全的空間哭出來就好了。有些人可能想要一個擁抱。有些人則不想有任何肢體接觸，但只要感覺有你在就夠了。對某些人來講，一開始的情緒衝擊可能導致他們陷入混亂或茫然。情緒一旦解鎖，思緒、言語和想法傾瀉而出，乍聽之下可能顯得語無倫次，但是沒關係，重要的是陪在他們身邊，讓他們發洩出來——就讓水壩洩洪一下吧！一旦打開開關，你要相信除非你覺得是時候了，否則都不需要刻意把開關關上。

先把自己放一邊

切記一個好的傾聽者會把自己的情緒、觀念、經驗和反應放一邊，給人空間和信心繼續把話說下去，讓說話的人放心知道自己說什麼都不會遭到論斷。有時候，你聽到的內容可能挑戰了你的底線——或許是違背你長久以來的信念，也或許讓你覺得匪夷所思。但協助傾訴者自己釐清問題才是重點所在。如果傾聽者的反應是拿出同理心，而不是妄下論斷，傾訴者就會越來越自在。

選擇正確的時間和地點

在忙盲茫的日常生活中，似乎沒有時間和空間容納重要的談話。所以，你務必要找到最恰當的談話地點——一個能讓對方覺得自在，而且你們的談話不會被打斷的地方。這麼做有助營造安全感，並讓談話流暢自然地展開。你可以去對方家裡串門子，邊喝茶邊聊，也可以找對方出去散散步或喝杯咖啡。直接說「我們談一談」，接著就面對面坐下來，可能感覺太過咄咄逼人或壓迫感太重。有時候，最理想的談話時機是在車子上、洗碗時或外出散步時。肩並肩，一起做一件簡單的家務，或一起做一件有創意的事情，都有助減輕談話壓力，打造一個讓對方暢所欲言的空間（參見第120頁「肩並肩傾聽法」）。談話時積極主動一點，也被認爲能揭開深埋內心那難以觸及的情緒。

人在心也在，真正的「在場」本身就有安慰的作用。讓對方感覺受到你的理解與認同，無論對方遭遇了什麼事情，你都肯定他的感受是真實的、重要的。給他們受到傾聽與認同的時間和空間，讓他們看到你肯定問題的存在，這麼做能給他們抒發內心感受、承認問題或勇敢說出來的機會。接著，透過探討發生在他們身上的事情，他們對這件事的感受也能有所改善。

傾聽小訣竅

幫人打開話匣子的小叮嚀

有心事、心裡很苦的人可能覺得異常孤單。你不必是專家也能幫助他們說出來，你的關心才是最重要的。

如果你擔心某個人的狀況，不妨試試以下這些開場白。如果沒辦法面對面互動，你也可以把一樣的原則套用在電話、視訊或簡訊當中。

棘手對話開場白：

- 「一切都好嗎？我注意到你跟往常不太一樣。」
- 「上星期你提到的那件麻煩事，現在怎麼樣了？」
- 「我覺得我可能說錯了什麼話，所以我只是想道個歉。我不知道你當時那麼痛苦。」
- 「你好像很辛苦的樣子。只是想讓你知道有我在喔！」

保持談話順暢

分享自身經驗談

如果你自己也曾親身經歷過情緒低潮或曾經幫助過情緒低潮的人，搬出這些經驗來談或許會有幫助，但切記不要讓談話重點跑到你身上。

別怕問問題

擔心某個人的時候，我們可能會花很多時間和精力去猜他需要什麼，但沒有人是讀心師。直接問要怎麼做才能幫助到他，比起猜來猜去要快得多，也簡單得多，而且這意味著他可以得到自己眞正需要的幫助。即使連他自己也沒有一個清楚的答案，直接問他也能給你們一起想清楚的機會。

問問他有什麼「感受」。這聽起來可能像是多此一問，但有時對方會將整件事娓娓道來，包括爲什麼發生這件事、他打算怎麼做，就是從來不提自己的「感受」。

保持談話的順暢，鼓勵他繼續說下去，直到他能開始釐清問題的根源，並自己想出下一步怎麼做最好爲止。你可以問開放式的問題（詳見第135頁），總結一下他說的重點，消化一下你聽到的內容。花時間確認你的理解沒錯，這麼做也能爲對方釐清重點所在，並幫助他檢視是否還有其他需要探討的地方。用一些鼓勵的話語幫助他繼續說下去。只要說一聲：「是喔？」或：「你對這件事還有什麼別的感想嗎？」就能發揮很大的作用。隨著他開始描述和解釋自己的想法和感受，他自己也能更了解情況。

別怕沉默

人的思緒往往很複雜而難以言詮，所以，給你在傾聽的人時間和空間整理思緒，不要打斷他，不用擔心談話當中有所停頓或空白，因爲這可能是他在思考接下來要說的話。重點在於讓他繼續說下去，直到他把想說的都說完了爲止。容許對話出現一點點的沉默，就能給人把話說完的空間。

向對方反映你注意到的地方

「反映」是撒瑪利亞傾聽法的一部分（參見第332頁）：抓出對方說的關鍵詞，對他們重述一次。有時他們可能隨口說了什麼，就連自己都渾然不覺，但透過向他們反映：「我注意到你剛剛說……」，便能給他們多想一想的機會。如果他們有意願，就可以再深入探討一下。剛開始試圖打開話匣子的時候，你也可以用這種辦法，向對方反映說你注意到他近來比往常沉默、好像情緒有點低落、似乎常常請假、怎麼都不來參加活動了之類的。將你的觀察反映給對方，可能就會促使他去思考自己怎麼了，同時也會鼓勵他把心事說出來。

「你越安靜，

你能聽到的就越多。」

——詩人　魯米（Rumi）

不用太自責

如果你覺得自己在談話中說錯了什麼，不用驚慌；如果你覺得自己把事情搞砸了，不用太自責。繼續鼓勵對方說下去就對了，只要把問題說出來，你們就能修正問題。如果攤開來談沒有用，不妨給對方消化和反應的時間與空間。或許他目前還沒準備好要談，但很高興你給了他一個選擇，讓他可以在準備好的時候再來找你談。

你不能強迫他人接受幫助

切記：唯有當這個人準備好了，你才能幫助他，所以，只要讓他知道需要的時候有你在就好了。看著你在乎的人獨自受苦並不容易，想幫忙也是自然而然的反應，但他得要自己想受到幫助才行。在他還沒準備好的時候逼他跟你聊，一不小心就會把他推得更遠。如果他知道有你在，當他覺得可以了、準備好了，就會來找你談了。

專家分享

遊走四方助人開口談心

目前，我正為了傾聽徒步之旅（Listening Walk）走遍全英國和愛爾蘭共和國，拜訪撒瑪利亞會在各地的分會。每當我碰到一個人，無論對方表現出來的態度如何，我都會問候一聲：「你好嗎？」我很訝異路人是多麼不習慣聽到這句問候。

撒瑪利亞會的訓練很棒，因為我們學到在委婉的問題中融入一些尖銳的問題。你學會用正確的方式提出挑戰，刺激對方思考自己是怎麼了。我在傾聽徒步之旅中用了這些「話術」。只是歡迎大家暢所欲言而已，我就收穫了一些不可思議的談話。我不是受過專業訓練的治療師，只是一個不怕說錯話、樂於聽人訴苦的人。我只是提出一個問題，接著他們就會回以答案。

傾聽徒步之旅中，我激盪出的談話出乎我的意料。我不會直接進入撒瑪利亞模式，而是更像日常對話。在較為日常的場景中進行開放、深刻的對話感覺很棒。大家好像難得有談話的時間與空間，一旦有機會就都迫不及待大聊特聊。大家也好像難得感受到有人關心，尤其是來自一個陌生人的關心。在紛紛擾擾的忙碌生活中，我們常常忘記向親友表達關切，所以，出現在一個陌生人身邊、為他提供陪伴，似乎真的有很大的影響力。

從飽受創傷後壓力症候群所苦的退役軍人，到我在營地廁所外碰到的自殺者遺族，我跟形形色色的人面對面聊過，也遇到過有名的演員和馬拉松選手，他們表面上是人生勝利組，但卻跟我說他們內心並不快樂或人生路走得很坎坷。有時我只是跟他們說：「我無言以對。我不想跟你說一些老生常談的話。你一定很難過。」對方也可能問我：「你有沒有碰過這種事？」而這種情況和在撒瑪利亞會接聽電話很不一樣。接聽電話時，我們只會說：「談我的私事對你不會有幫助。」但在日常對話的情境中，我可能會說：「是啊，我是碰過一次很類似的情況，不過我現在沒事了，但當時真的很難過。」在這些比較不正式的場合中，你可以多吐露一點自己的事情，跟親友談話時也一樣。我覺得把自己的事情攤開來聊，就像拋給他們一條釣魚線，勾出他們的內心話。我從不會把自己變成談話的焦點，但我認為讓對方明白你也是人很重要。他們可以看到我也有我的小煩惱，而我是懷著誠摯的心去跟他們聊的。

我不介意受到挑戰。我背著我的小登山包，上面插著旗子和一根老釣竿，去到各式各樣的地方。有一次，我看到酒吧外面有一群年輕人，看他們的樣子應該對我的理念沒興趣，但我沒辦法就這樣走開。我心想，要麼就是我吃閉門羹，要麼就是他們有機會說說心裡話。他們很訝異我停下來跟他們攀談，結果我們聊得非常愉快。現在，他們知道如果有需要可以去哪裡求助。最後，他們跟我說：「謝謝你為我們停下腳步，朋友，謝啦！祝你好運！」

我總是很欣慰自己剛好在那裡，碰巧可以跟人聊一聊，而且我不會因為他們的反應而驚慌，因為我知道聊一聊對這個人來講有多大的幫助。打從踏上這段傾聽徒步之旅，我已經發出五千張左右撒瑪利亞會的名片。民眾手裡抓著小卡片離開，彷彿這些名片給了他們一點希望。

這年頭大家都很忙，但我在徒步的旅途中有大把的餘裕，陪路人聊多久都可以，而人與人的交流正應如此。我們都該想一想：我現在在做的是最重要的事嗎？有時候，人很容易忘記人生在世的意義。

——唐克斯特（Doncaster）的撒瑪利亞會志工戴夫（Dave）

肩並肩傾聽法③

說到引導別人把話說出來，各式各樣的表達方式都值得我們考慮。有時候，用寫信、email或講電話的方式才能說出心裡話，面對面就比較難以啓齒。所以在傾聽時要注意這一點。舉例而言，你可以問問朋友，用寫的表達他的感受會不會有幫助。

說到心理治療，一般常有的想像就是兩個人面對面談話。實際情況往往也是如此。然而，不同的人對眼神接觸可能有不同的感受。有些人對眼神接觸的感受很正面，他們覺得這表示你有在聽，也因此更能盡情抒發；有些人卻覺得眼神接觸很可怕，他們反而因此說不出話。治療師往往會用不同的技巧輔助談話，例如用可以旋轉的椅子，畏懼眼神接觸的患者就可以選擇把椅子轉過去，背對治療師。也有些治療師會讓患者躺在沙發上，治療師則坐在後面。還有一個辦法是把兩張椅子擺成眼神不會直接接觸的角度。用來緩和眼神接觸相關焦慮的技巧，有助激發心理治療法中所謂的「自由聯想」（free association），亦即鼓勵說話的人想到什麼就說什麼，話題源源不斷。這種做法往往有助揭開他們下意識的思考過程，讓治療師了解他們的內心世界。

傳統上，面對面的晤談有利於心理治療，但當朋友向你吐露心事的時候，如果不用直接看到或感受到你的反應或評斷，他們傾訴起來可能就比較容易。舉例而言，你們可以肩並肩邊走邊聊。在許多場合上都有人跟我說過，如果有嚴肅的話題要跟親友聊，他們就會找對方去散散步或兜兜風。這是一個很好的辦法，因爲焦點不會直接放在說話的人身上，周圍又沒有其他刺激，聽者可以洗耳恭聽，而且可能比較聽得進去。散步和兜風總有結束的時候，話題也就隨之自然畫上句點。有些人覺得用這種方式比較容易溝通。

在聽親友或心愛的人說話時，我們也可以運用這些傾聽技巧：試試看肩並肩坐在一起聊，或者邊洗碗邊聊。如果安全無虞，你們甚至可以邊開車邊聊，或坐在車子裡聊。有時候，這種肩並肩傾聽法眞的會讓人覺得自己的心聲被聽見了。

③此小節內容係作者摘自英國心理治療委員會心理治療師克里斯汀．巴克蘭朵醫生的理論寫成。

傾聽小訣竅

心理治療師的談心小叮嚀

- 讓對方主導談話。
- 避免不必要地引導話題。
- 透過臉部表情和口頭回應讓對方知道你有在聽，而且你有興趣聽。
- 複述對方所說的話，讓對方感覺到你聽懂了。
- 鼓勵對方說下去，例如：「你能不能多告訴我一點？」
- 請對方描述他的遭遇，以及他對這件事的知覺感受和情緒。

- 歡迎對方糾正你。
- 不用覺得你要透徹了解對方所說的一切才行，讓他繼續說下去往往更有幫助。
- 如果是面對面的交談，注意對方的肢體語言透露出的線索。有些研究指出，只有七％的溝通是透過口語交流，其餘三十八％是透過聲音、五十五％是透過視覺。
- 發揮同理心和同情心。試著站在對方的立場，想像對方的感受。

專家分享

問問別人的感受不會造成任何傷害

在撒瑪利亞會，我們不是治療師。我們不是專業的諮商師。我們不是天使，也不是英雄。我們只是真實的人，受過聽別人說話的訓練。而透過傾聽，我們希望能助人找到辦法，走出當下的陰霾。我們的目的不是把任何人治好。我們的意思也不是說光靠傾聽就能救人一命。我們要說的是，六十五年來，我們陪在需要我們的人身邊，給他們傾訴的時間和機會，幫助他們消化自己碰到的狀況。藉由傾聽的力量，我們希望他們最終能做好準備，邁開步伐，找到自己的出路。

我們給他們的主要是人際接觸：付出個人的時間，專心聆聽，用心了解

他們當下的感受，如此而已。他們也不一定有什麼迫切需要討論的急事，可能只是日常的煩惱或遇到了不順心的事情，又或者是他們已經自己扛了一段時間、需要有人願意聽的難過感受。我們不帶評斷，就只是聽。我們不負責解決問題，不提供解決方案。我們幫人一起分擔或許很沉重的思緒，讓他們可以開始思考自己有哪些選擇，並提醒他們不要忘了自己的價值。

如果你認識的人面臨了什麼困難，例如失戀、失業、喪親或人生的巨變，只要傳個簡訊跟他說：「我聽說了，你還好嗎？」如果你跟對方很熟，你可能會覺得心情更亂或更激動，但你也因此有一個好的開始了。問問他的感受不會造成任何傷害。不用想太多。如果他只是希望有人陪在身邊或給他一個擁抱，那你陪陪他或抱抱他就好了。

讓他主導談話、說出他的觀感，如此一來，你才能比較了解他的狀況。他最清楚自己的狀況。藉由傾聽，你已經在幫助他朝正確的方向前進。你或許可以問問他想要尋求什麼幫助，或是和他一起思考可能的應對策略或下一步，例如要不要跟醫生約診。

人都有不愉快的時候，而我們都要學著正面看待負面情緒。大家似乎普遍認為時時刻刻都要保持愉快的心情、平衡的心態、健康的心理，但人生並非如此，對吧？人生總有高低起伏。感到不安和處理不安是人生的一部分。你不可能叫你關心的人永遠不要有不安的情緒，這麼做不會有實質的幫助。你能做的是幫助他們明白這種感覺是可以處理的。重點在於讓他們說出：「我今天過得不太順，我的心情不太好。」接下來，你就可以鼓勵他們去思考：「好，那我現在怎麼辦？我要怎麼把自己照顧好？」重點在於助人找到應對之道，無論他們碰到什麼事。

身為撒瑪利亞會的志工，我們知道讓人自己做決定的重要——我們要讓他們能夠自己做決定，並讓他們知道無論做了什麼決定，我們都會陪在他們身邊。表現出洗耳恭聽的態度就像舉起一面鏡子，將對方在說的話反射回去。良好的傾聽品質可不是一路點頭附和，而是要真的參與，或許還要勇於把你聽到的話反射回去。良好的傾聽品質是你用心掌握到對方所說的重點，給對方富有同理心的回應，顯示出你真的聽進去了。

當你問人是否想要聊聊的時候，對方可能只需要發洩一下，發洩完了就沒事了。但你們的談話也可能是催化劑，讓對方明白到他需要尋求更進一步的協助，為他的人生做出重要的改變。

——已擔任撒瑪利亞會志工二十五年的珍妮（Jayne）

「幫助一個人不見得能改變世界，

但或許能夠改變那個人的全世界。」

——佚名

6

學習專心傾聽
和慢慢說話

「噓！」傾聽法

身為撒瑪利亞會的志工，我們致力於傾聽和了解，進而幫助和我們談話的人明白落入谷底不代表完蛋了，總有別的選擇。但你不必是專家，也能幫助陷入困境的人。光是傾聽就能助人釐清自己的感受。花點時間學習我們的「噓！」（SHUSH）傾聽法，成為一個更擅於傾聽的人吧！

S——表現出你的關心（**S**how you care）

H——有耐心（**H**ave patience）

U——用開放式的問題（**U**se open questions）

S——複述對方所說的話（**S**ay it back）

H——有勇氣（**H**ave courage）

S——表現出你的關心（Show you care）

全神貫注、洗耳恭聽，這是一種用行動表現出你有多關心的做法。所謂眞正的傾聽，是你給對方全副的注意力，你對他說的內容很投入。所以，你要專注在對方身上，眼睛看著他，收起你的手機，用積極、懇切的肢體語言。生活可能忙得不可開交，置身於一個大家隨時都在透過數位方式聯絡的時代，一心多用已經成爲每個人的日常。我們離不開手機，但在聽別人說話時，你一定要把手機擺一邊，關機或開靜音以免分心。集中注意力，多了解在說話的那個人一點。

聽人說話時保持眼神接觸，一方面可以顯示出你對他說的話感興趣，一方面可以顯示出你全副的注意力都在他身上（但眼神接觸過多也可能讓人不舒服，所以也要注意不要一直盯著人看）。如果對方覺得看著你的眼睛或保持四目交會很不自在，那也沒關係，你不用覺得非看著他的眼睛不可。改成看他的嘴巴或雙手，或者跟他一起看著同一個方向。如果你們是肩並肩坐在一起，而不是面對面談話，那麼看著同一個方向這招最好用（參見第120頁）。但別忘了，他可能會不時轉過頭來確認你有沒有在聽，所以你還是要專心。

我們都會下意識使用肢體語言，這是人際溝通的一部分。我們往往渾然不覺這些肢體語言洩露了自己內心的想法。當兩個人很聊得來的時候，他們常會不約而同表現出一樣的肢體動作。以下是一些展現積極態度的肢體語言：

- 嘗試坐在對方的五點鐘方向。
- 身體微微向前傾，表現出你有興趣聽對方說話。
- 注意可能令對方感覺受到冷落的壞習慣，例如看手錶或看手機。
- 注意不要有不耐煩的表現。

- 不要擺出叉著手的姿勢。
- 坐或站在一樣的高度，不要抬頭看或低頭看跟你說話的人，否則你們雙方都可能覺得不舒服。
- 盡量不要讓你的肢體語言洩露你的情緒起伏或主觀感受。注意你的肢體動作和你所透露的訊息。

H——有耐心（Have patience）

在一個人準備好吐露心事之前，可能要歷經一段時間和多次的嘗試。第一次的嘗試或許沒有結果，但每一次的互動都有助建立安全感和信任感。有效的傾聽在於展現同理心和取得信任，而耐心是關鍵。

傾訴心事的人不該有受到催促的感覺，否則他們就會覺得這不是一個可以放心談話的環境。如果他們有所停頓，不妨先等一等，因為他們可能還沒把話說完。他們可能需要時間整理自己想說的話，或是覺得自己的感受很難用言語表達。不帶評斷的傾聽可以讓對方在談話中放鬆下來，並藉由談話思考或處理棘手的情緒。

不要搶話或打斷對方。讓對方暢所欲言，順著思路漫談下去，最後往往會帶來連當事人自己都意想不到的頓悟，並讓他們對自己的處境得出新的結論或見解。如果對方有所停頓，你可以在心裡默數到五，讓談話空白個五秒鐘有助於沉澱思緒。如果還有什麼需要解釋得更清楚的地方，對方也有時間和空間再想一想。這麼做也會顯得你在思考他說的話，進而可望給他繼續說下去的信心。

U——用開放式的問題（Use open questions）

要把問題攤開來談可能很困難。對方或許會先說一件不相干的瑣事，又或者他就算說了自己的狀況，也會淡化他眞正的感受。直到和你一起探討之前，有可能連他自己都不知道問題的癥結。

人往往都有傾訴的渴望，但要等到有人問了才會說出來。比起是非題，邀請對方說個仔細的開放式問題最有用。開放式的問題不會導致談話草草結束，而會鼓勵對方繼續說下去，並在傾訴的過程中探索內心的感受。開放式的問題也呈現出你想聽和你關心。

嘗試問對方：「你今天怎麼樣啊？」接著追加一句：「跟我說說看。」歡迎對方跟你多說一點，或是提出無法只回一個字的問題，都能給人傾訴的機會。開放式的問題不會強加觀點或隱含任何論斷，而是要對方停下來、想一想，接著就有希望將話題擴充出去。

以下是開放式問題的一些例子：

- 何時——「你什麼時候發現自己有這種感覺的？」
- 何地——「這件事是在哪裡發生的？」或：「你在焦慮不安的時候都會去哪裡呢？」
- 何事——「還發生了什麼事呢？」或：「你覺得是什麼事讓你有這種感覺？」
- 何感——「你對那件事有什麼感覺呢？」

問「爲什麼」則要小心，因爲這種問題有時可能帶有論斷的意味，使得對方心生防衛。相較於「你爲什麼要做這種事？」，不妨改問：「是什麼讓你做出這個決定？」或：「當時你是怎麼想的？」這種問法就比較開放，也比較有效，有助於讓對方放心多說一點。

用開放式的問題鼓勵對方說話，並讓他感覺到這場談話是一個安全的空間，在這個空間裡沒有對錯。用積極傾聽的方式，雖然你也會說一些話，但你真正扮演的是傾聽者的角色。無論你說什麼都不該影響對方要說的話，只應幫助他把話說出來。

S——複述對方所說的話（Say it back）

確認一下你是不是聽懂了，但不要插嘴或提出解決方案。複述對方所說的話是一個很好的做法，這麼做一方面可以讓他們知道你的注意力都在他們身上，另方面你也可以確認一下自己是否聽懂他們想表達的意思了，以免把你自己的解讀強加在對話內容上。

複述是一個請教對方你是否理解無誤的機會。這麼做顯示出你真的專心在聽，而且你嘗試放下自己的觀點，努力要從他們的角度體會他們的感受。重複他們的說法也顯示出你在乎他們所說的話，或你設法要用他們的話來說。這麼做也給他們反思自己說了什麼的機會，從而引導他們更進一步探究自己的想法或念頭，接下來他們就可以再表達得更明確一點。

H——有勇氣（Have courage）

不要因爲得到負面的反應就氣餒，也不要怕陷入沉默。如同前面已經說過的，你沒有必要塡滿談話中的空白。

有時，問別人的心事可能感覺像在探人隱私或顯得不太禮貌。你很快就看得出來對方是否覺得不自在，或想不想跟你聊得那麼深入，而這對建立你主動詢問的信心有幫助。你會很訝異人往往多麼樂意跟你聊，甚至迫切想要找人聊。有時候爲了把心事說出來，有人主動詢問正是他們所需要的呢！

傾聽小訣竅

鉅細靡遺追根究柢

執行追根究柢的任務，堅持但和緩地請對方說得更詳細一點，直到沒有需要再補充的東西為止。舉例而言，如果對方說：「我心情不好。」那麼，你們的對話可以如此進行：

傾聽者：「怎麼個不好法？跟我說說看。」

傾訴者：「嗯……一切感覺都很黑暗。」

傾聽者：「怎麼個黑暗法？跟我說說看。」

傾訴者：「嗯……很濃、很深、伸手不見五指的黑暗。」

傾聽者：「可以跟我說說發生了什麼事嗎？」

傾訴者：「事情發生在今天早上。」

傾聽者：「跟我說說早上的事。」

所以，你不斷在說「跟我說說看」、「我想多了解一點」，打破砂鍋問到底，直到你再也沒有問題可問為止。

是什麼妨礙我們好好傾聽？④

缺乏自信是傾聽的絆腳石。人往往會覺得：「是啦，那我又能怎樣？」於是就退縮回來，不試著伸出援手。你或許擔心萬一你開口問了，對方跟你說他狀況不好，你也不知道該怎麼辦。你或許不確定要怎麼幫助他們才對，抑或擔心自己只會越幫越忙。但你一定要知道，在向人表示你願意傾聽時，你不必知道任何問題的答案。你不需要解決問題或提供解決的辦法，也不需要找到什麼答案。事實上，你要做的簡單多了。你只要在一旁聽他說話，給他傾訴的空間，請他再說得更仔細一點，鼓勵他繼續說下去，到頭來，他自己就會把問題解開。聽別人傾訴他們的問題，不代表你就要負責解決問題。

④此小節內容係作者摘自英國心理治療委員會心理治療師克里斯汀．巴克蘭朵醫生的理論寫成。

傾聽的障礙

傾聽受到嚴重的低估。這件事不只在於擁有良好的溝通技能，也在於眞心對他人感興趣、表現出想要了解他人的渴望和以他人爲優先的意願。許多人都有無法好好聽人說話的障礙，這些障礙包括了：

助人的衝動

面對一個看起來很痛苦的傾訴者，我們自然會想拯救他。這種助人的衝動往往就會導致傾聽者插嘴和主導談話。

控制的需求

傾聽者往往自覺或不自覺地懷有焦慮或恐懼的感受，使得他們以減輕自身焦慮的方式主導談話。

有條件的關懷

傾聽者可能難以面對傾訴者想談的東西，因而想要轉移話題。詳見本書第320～321頁。

不自覺的偏見

傾聽者可能沒有意識到自己對特定族群帶有偏見，在不自覺的情況下，傾聽者就可能對自己聽到的東西妄下論斷。

妄加揣測

我們活在一個步調很快的世界裡，總習慣稍微瀏覽一下標題，卻忽視重要的內情。對於傾訴者敘述的內容或表達的感受，我們很容易就會妄加揣測。

忘記人各有異

人很容易忘記每個人的人生經驗各不相同。只因我們以前也聽過類似的故事，不代表這個人的遭遇也一樣，說不定就連類似都談不上。

重心跑到自己的親身經歷上

出於想幫忙的好意，你可能忍不住就拿自己的親身經歷跟對方的遭遇來比較，導致你分享起自己的經驗來了，但這往往對人沒有幫助，還會給對方不受重視和被打發掉的感覺。

發揮同理心

要能好好傾聽，最重要的一個元素就是同理心。同理是建立在尊重和敬意之上的；它需要共感、善意和耐心——既是對你自己，也是對周遭旁人。同理心對你的健康和快樂都有好處，還能增進你的人際關係。共感力是設身處地對他人的痛苦感同身受的能力，同理心則是在感同身受之外還想積極給予協助。這意思不是說你要設法幫他們解決問題，而是要積極主動地陪他們一起想辦法。

你所展現的同理心不僅會影響他們看待人我互動的眼光，也會讓他們感覺受到重視和關心。最重要的是，同理心是可以培養的。能不能發揮同理心端看你願不願意理解他人的感受，還有，最關鍵的是你想不想要給予他人支持。

傾聽小訣竅

如何展現同理心

- 從請人喝杯茶到登門拜訪，盡你所能善待他人和表達你的關心。
- 問候他人的狀況，表現出專心聽他說話和真心關懷他的態度。
- 說一些鼓勵的話，用誠懇的肢體語言，擺出令人放心的姿勢。
- 如果對方覺得自在，那你可以抱抱他或握著他的手。有些人對肢體接觸沒那麼自在，那就不要有肢體接觸也無妨——永遠都要尊重別人的界線。
- 透過點頭等動作表現出你有興趣聽，鼓勵對方說下去。
- 向對方複述你聽到的重點，表現出你有在聽。

- 倡導心理健康相關議題，避用帶有輕視意味的不當措辭。

實例分享

聊一聊就能減輕負荷

維多利亞住在倫敦。打從必須常常出差開始，每當她脫離日常的軌道，隻身一人在陌生的城市就會很焦慮。她說：「當你有這麼多的時間都是獨處，你的心裡眞的會覺得很孤單。有時候我出差一次就是好幾個星期，從頭到尾一個人孤單極了。我覺得自己無法控制下一班飛機要去哪裡，或如何在陌生的地方自己去機場或旅館，又或者出門要去哪裡、想吃東西要上哪去。最後演變成我連自己的感覺也控制不了。」

維多利亞有關心她的朋友和支持她的家人，但隨著焦慮的情形越來越嚴重，她漸漸認定親友們都沒辦法聽她說心裡話。「我之所以打電話給撒瑪利亞會，有一個原因是我不想讓我的狀況成爲朋友的負擔。我不想占用他們的時間，也不想改變他們跟我相處的方式，或變得太過依賴他們，因爲我覺得他們自己的事情就忙不完了。」另一個阻止維多利亞向朋友求助的原因，是她畏懼別人的眼光。「在朋友面前，我只想當一個有趣、外向的開心果。」但事後回想起來，她但願自己早在情況惡化之前就向身邊的人發出求救訊號。

維多利亞腦袋裡的念頭讓她很困擾，她變得很害怕自己的想法和感受。在她腦中那個扭曲的世界裡，一切的一切都很嚇人。她開始有恐慌發作的情形。有時她在上班途中的公車上會覺得吸不到空氣，只好中途下車。即使維多利亞意識到了自己的心理壓力，她也覺得好像無力阻止。「恐慌發作的時候，你滿腦子想著要怎麼阻止自己發作，結果只是導致你壓力更大，於是你變得越來越難脫離恐慌、冷靜下來。」

雖然維多利亞當時沒有尋死的意圖，但她最後卻驚覺自己竟然考慮起結束生命來了。「我印象有點模糊了，只記得有一天下班，我在回家的路上突然覺得很害怕。我心想：這不是我要的人生。我不想再聽到自己的念頭了。我不想再面對自己的感受了。我想著：要結束這一切倒是有個很簡單的辦法。那天出門時，我沒打算這麼做，也沒想過這就是我的結局。那不是我主動做出的決定。我在某個地方站了一會兒，只要從那裡跨出去一步，一切就結束了。但不知道爲什麼，我站在那裡想了好久，想著結束我的生命，左思右想還是決定回家了。坦白說，我眞的不知道自己爲什麼反悔了。想死的衝動讓我很害怕，因爲以前我從不曾有過這種感覺。」

維多利亞的室友察覺到她不對勁，但也不知如何是好。「那天夜裡的狀況很糟。我一直哭、一直哭。我沒打電話給任何一位朋友，只是上網Google

『需要幫助可以找誰聊聊』。感謝老天，網頁上冒出撒瑪利亞會的電話，否則我眞的不知道會出什麼事。」

維多利亞說，那天晚上打給撒瑪利亞會讓她鬆了一口氣，就彷彿從肩膀上卸下了沉重的負荷。「我只是把一切都宣洩出來。我說了一些連我都沒有發覺很困擾我的事情。我很崩潰，但接電話的人很鎮定、很有耐心，使得我也平靜了點。我不覺得他對我有任何的論斷。我不記得自己都跟他說了什麼，只記得我一直哭；我甚至不知道他怎麼聽得懂我在說什麼。但那通電話講得越久，他就讓我說出越多內心的感受，最後我也終於有辦法好好說話了。他讓我平靜到可以說：『好，我現在沒事了。我可以呼吸了。』通話結束時，他說：『等你準備好了就掛上電話。我們不會掛你電話。』知道掛不掛電話取決於我的感覺很好。我記得自己跟他說：『太感謝你了。我現在可以去睡覺了。』我也眞的好好睡了一覺。」

維多利亞回憶道，志工的傾聽讓她猶如置身於一個安全的地方，覺得可以放心說她想說的話，不用擔心受到論斷，也不用擔心有人會對她說教。她重新有了力量，頓覺或許可以靠自己找到解決問題的辦法，也開始朝她能適應一切的方向前進。

「那位撒瑪利亞會的志工只不過是願意聽我說話罷了，這就足以讓我覺得受到肯定。他讓我覺得我值得活下去。他給了我一點活下去的目標。我心想：他給了我傾訴的時間，既然他願意給我時間，那麼我也可以給自己一個機會，明天醒來再看看接下來會怎樣。事實上，第二天起床的時候，我的心情就好多了。我想是因爲我需要發洩的都發洩完了，整個人就都不一樣了。後來我花了很久才眞的好起來，但那通電話是前進的第一步。而且，感謝老天，從那之後，我就不曾再落入那步田地了。」

助人傾訴煩惱小叮嚀

- 要有展開棘手談話的信心。最糟又能有多糟呢？
- 對我來說有一招很有效，就是跟我的一位朋友去逛美術館。我們兩人都是藝術愛好者，每次去逛美術館，最後我們都會聊一聊自己的感覺。那裡就像是我們的安全空間。我的慢跑團也給我一樣的感覺，只是跟你的麻吉共處一室，就能讓你打開話匣子，最後你們會聊到更多刻骨銘心的話題。
- 不必擔心說錯話。
- 你不需要解決任何問題，只要你人在心也在就好了。
- 用閱讀充實自己，多了解恐慌發作和焦慮症相關事宜。

♥定時噓寒問暖一下，就算你覺得這個人過得很好，只要說一聲：「我想讓你知道有我在。你不一定要找我聊，我也不能逼你談你的感受，但我想讓你知道，只要你需要，我隨時都在。」

★專家分享★

好好聽人說話是可以學習的

我們不見得天生就懂得好好聽人說話，但那是一件可以學習、可以改進的事情，也是我們身為人類首先發展出來的技能之一——先學會聽，接著才學會說話。一旦學會說話，一切突然就都繞著「我」打轉。讓我插個嘴。

我要把我知道的告訴你。我在聽你說話，但實際上我只是在等你把話說完，好讓我說我想說的話。

在跟親朋好友談話時，你往往會準備好在他們把話說完時回話，因為你對他們說的東西自有一番見解。你想發表你的意見。但實際的情形是你聽得心不在焉，只是在等輪到你回話的機會。

你越是練習好好聽人說話，你的大腦就越習慣聽人說話。一開始，你要用力提醒自己：你想說什麼不重要。這需要努力，也需要毅力。提醒自己專心聽對方說了什麼。對方說的話才重要，讓他把話說完，給他空間說他要說的話。

「聽」和「傾聽」不一樣。我可能聽著收音機裡的一首歌。我可能聽到外面有人在除草，還有小朋友在玩鬧，但我沒有真的聽進去。相形之下，傾聽是打開耳朵把別人要跟你說的話聽進去，而且不止聽進去，還要記在心上，因為你想之後予以回覆；傾聽是試著理解傾訴者的處境和觀感。

我必須要說這件事不容易。我想，對身邊的親朋好友來講，最難的部分就在於要對你說的話保持中立。保持中立不是我們自然會有的立場，因為我們自然就會想幫忙。你必須不斷提醒自己收斂一點，不要貿然提出意見或插手解決問題，只要聽就好了。本質上，這麼做的意思是不要選邊站或形成強烈的意見——身為一個擔心的親人或關心的朋友，這是我們很難做到的一點。

除非對方問你，否則小心不要亂給意見，因為你可能在無意間形成你們雙方談話的障礙。舉例而言，如果對方跟你傾訴他的感情問題，而你回他：「我覺得你大可找個更好的對象」，對方可能就會覺得受到你的論斷，而這是不可能有幫助的。傾聽幾乎是一種正念的練習，拋開你自己的想法和意見，只問對方想怎麼做。如果能用這種方式去聊他們的想法，他們就會有力量為自己做出最好的決定。

要當一個好的傾聽者，「專心」很重要。我們都有能力拋開腦中的雜念，只專注在當下。其中一個要點就在於確保你不會被周遭的人事物分散注意力，例如進進出出、來來去去的家人或路人。設法把全副的注意力都放在對你傾訴的人身上。擁有一段不受打擾的時間是關鍵。如果你聽著聽著就走神了，只要請對方重複剛剛說的話，並為自己沒注意聽道個歉就好了。確認一下總是好的，這麼做也可能有助對方釐清他的思緒。無論如何，你總是可以問一些開放式的問題，好讓你了解得更多一點，或更深入地探討最需要探究的問題。

正如同注意到某個人情緒低落或精神萎靡，你也可能注意到相反的跡象：這個人過度好動或比平常亢奮許多。在這種情況下，你可以用自己的能

量去平衡對方的能量，鎮定、平靜地慢慢說話。

這是諮商師和治療師會用的一個技巧，但也很容易就能用在親朋好友之間。用一些表示鼓勵的小動作和話語，例如只是簡單說一句：「沒錯……那太差勁了」，或只是同情地點點頭。你的肢體語言要呈現出歡迎、可親的態度。懇切的肢體語言有助於表示你專心在聽，而且你願意理解對方說的話。

——撒瑪利亞會傾聽志工露西亞（Lucia）

7

不要急著給意見
和妄加論斷

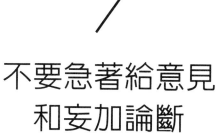

在日常生活中，我們很容易就會不假思索到處給人批評指教。但對於重大或困難的決定，告訴別人該怎麼做是沒有幫助的。你能提供的最佳幫助，就是陪他們聊他們面臨的問題，讓他們自己決定怎麼做最好——告訴別人怎麼做等於是替他們攬下責任。

大家普遍都有「聽別人說他們的問題就要幫忙解決問題」的迷思。或許你覺得這樣比較快，所以就跟對方說如果是你會怎麼做，或以前你碰到這種情形是怎麼做的。但教別人怎麼做只是在無形中否定他們的感受而已。你談起自己來了。你沒有在傾聽和吸收對方所說的話。你沒有在回應他們試圖告訴你的事情。一旦切換到「熱心出主意」模式，你就只顧談你自己，只顧發表你的意見和你想到的點子。對方看你這樣就可能把話吞回去，心想「我幹麼跟你說這麼多」。其中風險就在於迫使對方把自己封閉起來，不願再聊下去。

人在面臨困難時常有無能爲力的感覺。缺乏自信和看輕自己都可能引發一連串的負面想法。當事人或許會覺得自己很累贅、做什麼都做不好，是個沒用的廢物。如果你直接插手干預，試圖替他們解決問題，他們可能會覺得你彷彿在說：「對啦，事實上，你就是沒辦法自己解決問題，還得我來幫你擺平。」這可能又更助長了那股無能爲力和自我懷疑的感覺，因爲當事人會覺得你認爲他沒有能力自己處理。對於一個陷入負面思考模式、自我價值感已經很低的人來說，這麼做的殺傷力眞的很大。

向他保證他不是累贅的負擔，要知道當下他只需要你陪在一旁就好。情緒當頭，再加上你和最了解你的人共有的背景和過去，要做到這一點可能很困難。但從當事人的角度看來，他需要握有掌控權，才能體會到答案就在他自己心裡。陪他一起考慮所有可能的選項，但把最後的決定權交給他。人一向都知道自己該怎麼做，只是還沒想清楚或還沒有機會表達出來而已。

如果你有出主意或提供解決辦法的衝動，不妨改成問對方下列問題：

- 這件事給你什麼感覺？
- 你記得這件事最初是怎麼開始的嗎？最後是怎麼變成一個問題的？

- 如果實事求是地去看這件事，你覺得對你而言，最好的結果是什麼？
- 你想得到任何能讓你好過一點的辦法嗎？
- 你有沒有任何辦法可以少爲這件事擔心一點？
- 你覺得你可以做什麼來改變這種情況？
- 你覺得這麼做的效果如何？
- 諸如此類的做法對你來講可行嗎？

坦然誠實的談話

三十六歲的史蒂芬來自基爾馬諾克（Kilmarnock）。父母在他青春期離異之後，他就到處搬家、轉學，而且小小年紀就扮演起一家之主的角色。到了十六歲的時候，他因病毒感染變成只能坐輪椅。後來，史蒂芬的一位朋友自殺身亡，工作上的問題也壓得史蒂芬喘不過氣。但他從來不曾談過自己的情緒問題，渾然不知他的大腦沒有任何應對的策略，卻要努力消化一堆的痛苦。

「每個人的人生中總有痛苦掙扎的時候，無論是喪親、失業、經濟出了問題，還是什麼狀況。但除非你自己碰上了，否則你不知道那是什麼感覺。」他說：「所以，直到出事了，你都沒有絲毫概念。你沒有準備，突然就碰上了，而你不知如何是好。」

史蒂芬不想拿自己的情緒去麻煩朋友和家人。「我不知道是社會規範使然，還是根植在我們男人腦子裡的想法，但現今的觀念依舊是：身爲堂堂男子漢，你要當一個供應者和保護者。顯然，我們不必像古時候那樣出門打獵，扛一隻熊回家當晚餐。但不知道爲什麼，我們還是覺得自己必須保護家人。我不想跟我女友或身邊的任何人訴苦，因爲我覺得他們聽了只會很傷心或很憂慮，而我不希望任何人爲我擔心。要不是抱著這種想法，或許我的問題也不會惡化得那麼快。」

回顧起來，史蒂芬但願他能早點承認自己心裡很苦。「舉例來說，如果我在開始自殘之前找人聊過，或許我就不會那麼苦了吧。但我誰也沒說，我覺得說了只會招來震驚和厭煩。旁人的表情會洩露出他們的想法，而看在身心狀況很敏感的人眼裡，那些不經意的小表情會被放得很大。」

當時史蒂芬並不知道要怎麼去談他的感受，而且他很擔心別人的反應或別人可能對他說的話。「有時候，感覺就彷彿我如果說：『我痛苦得像在第十層地獄一樣。』別人聽了只會說：『哦？但我可是去過第十一層地獄呢。』整件事猶如一場比一比看誰比較慘的遊戲，說『我很慘』，得到的回應可能是『是啦，但我更慘耶』。這種比較眞的沒有幫助，只會讓我不再說下去而已。即使對方是出於好意，即使他們只是想找到一個共同點、拿他們類似的經驗安慰我，但當你試著要談你的問題，卻被別人占了上風，那說出來又有什麼用？」

史蒂芬在跟心理健康問題搏鬥時，他覺得彷彿一切都不受他的控制，所以如果有人試圖干預和替他處理，那只會讓他感覺更糟糕而已。「那就像是旁人證實了我靠自己做不到。我成天告訴自己我做不到，因爲我沒用，因爲我無能。這時如果有人冒出來說：『那我替你做。』我的想法就得到了印證，我就覺得自己眞的無能爲力。」

當史蒂芬的想法失控時，別人不管說了什麼，他都會解讀成負面的意思。

所以就算有人說愛他，他也會覺得：「少來了，誰會愛我這個樣子？」或：「你講這種話只是想減輕你的罪惡感罷了。」就連最貼心的舉動都會在無意間加重史蒂芬對自己的負面觀感。不幸的是，情況惡化到他覺得活不下去了。他和女友吵了一架，一個人在家思緒狂飆，最後試圖自我了結。「我覺得當時我其實知道自己不是眞的想死；我只是想讓那一切的痛苦和混亂停下來。我不知道還有什麼辦法能解決我的痛苦。」於是他拿起電話，打給撒瑪利亞會。接下來，他就被救護車送到醫院了。

「還記得我打過去的時候先沉默了一陣子，什麼也沒說。接電話的那個人只是說了句：『我的名字叫XXX，是什麼讓你今天打這通電話來呢？』說完他就等了一下下，直到我有辦法開口說話爲止。有人守在電話那頭讓我感覺很放心。他的注意力完全在我身上，最後我終於能開始整理自己的念頭、想法和問題。他沒有妄下論斷，沒有震驚或厭煩，也沒有跟我說『好，你現在要做的就是……』『這辦法對我有用，你試試看。』『看開一點嘛！』之類的。在那通電話的前五分鐘，撒瑪利亞會的志工大概只說了不超過二十個字吧。也就是說，重點完全是在我身上、在我的感覺上；重要的是傾訴者，而不是傾聽者。而這份受到看重的感覺是無價的。他在無形中讓我領悟到：其實我自己就知道答案是什麼，我可以控制自己的想法和作爲。」

史蒂芬後來去療養院住了七個月。但在他受到的所有臨床照護和治療中，他發現有一件很簡單的事是他好起來的轉機。「我被精神科的醫生、護士和社工包圍，但有一位助理護士爲我帶來了最大的改變。每天早上，她都會到病房來說：『嗨嗨！早安！』而我要麼不理她，要麼悶哼一聲，再不然就嗆她一句：『早什麼安？』但每一天早上，她都還是會來道早安。她來了又來，堅定不移，總是保持愉快的態度，日復一日鼓勵我只要回她一聲『嗨』就好。最後，她讓我覺得她相信我是一個好人，只不過生病了。改變我的不是精神科醫生，不是心理學家，不是受過幾年訓練的心理健康專科護士，而是那位拉開百葉窗、讓我覺得我也配有人跟我道早安的助理護士。」

坦誠談話小叮嚀

♥ 對我來講，撒瑪利亞會的傾聽服務最強大的一點，就是讓人感覺此時此刻有人陪在你身邊，你可以把這種感覺帶到日常生活當中。我知道有人在、有人願意聽、有人關心發生在我身上的事情。

♥ 看到你愛的人很痛苦，你自然就會想幫忙。但我可以給你的最佳建議是放下你的控制慾，讓你愛的人自己嘗試犯錯。如果他們因此跌到了谷底，你能做的最重要的一件事，就是幫助他們重整旗鼓。這麼做遠遠好過對他們說：「因爲我最了解你，所以我知道什麼對你才是最好的，也因此我才要告訴你該怎麼做。」說這種話只會把他們越推越遠而已。你等於是在說：「就憑你？我不相信你辦得到。」

♥ 如果你懷疑某個人在用自殘的方式求救，請先查閱相關資料，因爲這麼做有助你多了解一點。有了充分的了解，你才知道該做何反應。在找對方聊之前，自己要先花時間做好功課，研讀心理健康相關資料——從情緒低落到臨床上的身心症都有很多資料可找。

♥ 不要怕說「自殺」、「自殘」等字眼，這些又不是髒話。說出這些字眼也是一種表態的方式，表示你對這件事不帶論斷、你願意坦然地聊這個話題。只因你說了某個字不代表這件事就會發生。對方看到你的態度往往會鬆一口氣，覺得可以誠實、坦然地對你表達他的感受，而這眞的會很有幫助。

♥ 別忘了，如果要去問候對方的狀況，你得要準備好聽對方說話才行。如果你很忙，或者腦袋裡有很多事要想，沒辦法好好聽他說話，那還不如不要問。

先確定你有時間，就算只是先跟對方說：「我現在沒辦法好好聊，但我可以晚點打給你嗎？還是我們明天一起去喝杯咖啡？」

♥相信你的直覺。如果你感覺某個你認識的人不太對勁，不妨確認一下，傳個簡訊看他是不是還好。話說我如果傳簡訊問候我的哥兒們，他們大概也會罵我三八無聊之類的，但至少我嘗試伸出觸角了。

♥我覺得要鼓勵男人敞開心扉、分享心事，需要一點堅持。先用「我注意到你不像平常那麼健談」之類的話試探一下，看看對方會怎麼回你。如果對方立刻就說「喔，是這樣的，我把一切都告訴你吧」，我會非常、非常訝異。但重點在於讓對方知道有你在、你關心他，他只要想聊隨時可以找你聊。在我的經驗裡，那份堅持會讓對方明白你眞的想聽他說心裡話。

專家分享

只要有你在就夠了

要是每個人都能去上撒瑪利亞會的訓練課程，然後把課堂上學到的東西應用到日常生活中，那就太好了。我已經上過兩期的訓練課程了，真的是無價的經驗。我學到了超多東西，也把我得到的訓練落實到每天的生活中。

只要讓人感覺受到支持就夠了。有很多地方都可以找到專業的協助，有時候，你要小心謹慎地建議當事人去諮詢全科醫生，或是接受藥物或認知行為療法之類的治療。但傾聽有很大一部分的重點在於營造一個令人放心的空間，在這個安全的空間裡建立人與人的信任和交流。身為撒瑪利亞會的志工，你不會直搗敏感話題。你會花時間形成默契、建立信任、讓對方感到自在。

這在日常生活中要困難得多。你有很多事情急著要處理。但你只要找到對的地方，停下手邊的事情，拋開腦中的雜念，專心聽人說話就好。把撒瑪利亞會的場景轉換到日常生活的情境中可能需要一點時間和練習，但絕對是做得到的。我認為誰都能成為傾聽高手。有些人天生善於傾聽，但我們都能鍛鍊自己的傾聽能力，只是學校沒有教而已。我念的是男校，在男校誰會去談自己的心事啊！所以在接受撒瑪利亞會的訓練之前，我從來不曾真正了解過傾聽的技巧。

只要陪在一旁就夠了。這份陪伴遠比試圖給人意見可貴得多。只要有你在，對方就會覺得踏實，覺得當下有人接住他了，而這往往就是事情的轉捩點。

此外也有一些很實際的做法可用，例如說話說得慢一點、冷靜一點、平穩一點。如果你跟這個人很親，你的情緒起伏自然就會比跟陌生人說話來得大，但你可以設法求取平衡。原則上，不帶論斷也很重要。在傾聽時不能端出自己的態度和意見。如果對方本就敏感脆弱或情緒激動，很難好好說話，身為傾聽者，你更應該避免搬出太多的自我。拿出你個人的經驗和意見來講只是在製造雜音而已。

大家都知道男人尤其很難去談心事。回想學生時代，學校就是沒教我們相關詞彙，所以要我們談心事總覺很彆扭。在外界的制約之下，你覺得自己必須堅強、能幹。現今社會似乎對情緒和心理健康話題有更大的覺醒了，但除非你有一個可以看齊的榜樣，否則你還是很難知道要如何開口去談。我們可以挑戰這種現象，呼籲大家可以也應該坦然談論情緒問題，如此一來，負面情緒或許就不會惡化成疾。但在提出這種呼籲時，你自己也要相信說出來沒關係、你不會被笑。你要知道說出來才會得到對的幫助。

找到對的場景也會有幫助。周圍有一堆人的時候，你不可能好好去談重要的話題；私下談才有保密的感覺。先問：「你還好嗎？」再問：「你真的沒事嗎？」最簡單的往往是最好的。只要讓對方知道你想對他伸出援手就好了，這麼做本身就帶有肯定的力量。重點在於開啓談話的管道，說：「你想談的話，有我在；如果你想找別人聊，那也無妨。」自然一點，溫暖一點。

傾聽很重要，因為人都渴望自己的心聲有人聽。我知道有人願意聽我說話的感覺是多麼美妙。我知道這種正面的經驗如何支撐我繼續前進。如果人人都有這種經驗，那麼，我們就能共創一個更健康的永續社會。

——曾擔任撒瑪利亞會志工的電台司令（Radiohead）鼓手

菲爾・塞爾韋（Phil Selway）

實例分享

傾聽時不必解決任何事情

三十一歲的麥克來自雪菲爾（Sheffield）。十八歲時，他棄學從軍，但不幸在四年後被除役。他說：「除了當軍人，我就不知道我還想做什麼。我覺得我唯一會做的事被剝奪了。過去十年來，我一心只想開戰鬥機。這下子，被除役並不是我的錯，但我還是覺得自己很失敗。我就是不知道該怎麼面對。

「身爲一位軍官，部隊教我的是要如何帶兵、如何解決問題、如何擬定策略，一切都以解決問題爲中心。所以當我離開部隊、情緒出狀況的時候，我不知道自己爲什麼會生病，我不知道該怎麼處理，也不知道父母可以用什麼辦法支持我，因爲有太多我一無所知的東西了。」

作爲除役方案的一部分，麥克要中斷日復一日的軍事服務，開始去上大學。第一年，他跟多數大一生一樣，過得很愉快，一星期有四、五個晚上在外面泡酒吧、交朋友。因爲他要到大學一年級結束才會正式除役，所以他還是領有全額軍餉，而且他定時都會跟長官聯絡。作爲除役方案的一部分，長官要負責追蹤他的進度。但在歡送他離開部隊的惜別晚餐過後，麥克回到雪菲爾生活，突然間，他的支持系統不復存在。「本來我總隱約覺得自己還是部隊裡的一名軍官，還是有那群戰友和同袍給我莫大的歸屬感。但突然間，我成了一個沒有收入的二十三歲大學生。我不知道這樣的人生是在幹什麼。結果我第一個認眞談的戀愛吹了，我連這個支柱也失去了。」

麥克試圖重新塑造自己。他用攬下各式各樣的角色和活動設法分散注意力，包括去實習、當志工、跑步、參加運動社團，還打了一份工，同時也努力念書。但他說，在那年的十一月，他整個人都垮掉了。「我從知道自己很低潮、很厭倦、壓力很大，然後嚴重到沒辦法出門。我不吃東西，成天把自己關在房裡借酒澆愁，自暴自棄。在那之前，我一直覺得只要我堅持下去就好了，因爲我向來都是這樣活過來的。軍隊教我生活或許會面臨壓力，但身爲軍官，你必須當機立斷、勇往直前。從十三歲到二十二歲，我養成的就是這種人生態度。但那種崩潰的感覺眞的很可怕。我知道大事不妙了。」

儘管麥克察覺到情況有異，但他嘴巴上只說自己是壓力大，「有很多事情要想」。直到有一天夜裡，他覺得再也撐不下去了。「那晚我人在外面，在酒精的作用之下，在一個前一年我每星期三都會去的地方……突然間，我覺得焦慮得不得了，情緒擋也擋不住，只能離開那裡。周圍有好多人，但我不想看到任何人、不想跟任何人說話。所以，我跑進一條巷子裡躲起來。那是我第一次打電話給撒瑪利亞會。我不記得自己具體說了什麼，只記得我不焦慮了，放鬆下來了。一開始我還蹲在地上，縮成一團，望著黑暗的巷道痛哭失聲。四十五分鐘還是一小時過後，我就能打起精神，離開那裡回家去了。那麼久以來，我第一次好好睡了一覺。第二天起床，我就去學校的心輔中心說：『有人能跟我聊聊嗎？我的情況不太好。』

「打那通電話到撒瑪利亞會，感覺像是爲我解除了當下的緊急危機或壓力。我記得自己有一種如釋重負的感覺，但那是因爲我全都宣洩出來了，而不是因爲我找到解決辦法或有人告訴我該怎麼辦。沒人哄我說：『沒事了，現在都過去了，你會好起來的。』接電話的人只是問我：『你覺得今天或今晚你過得去嗎？』沒人假裝我明天醒來一切就都沒事了，但那通電話幫助我體認到我可以。我可以過完那一天。最後，我也有了可以繼續活下去的信心。」

麥克爸媽的直覺反應就是過來接他回家，設法給他安全感，泡茶給他喝，拿餅乾給他吃，爲他提供實際的支持。但在他的憂鬱症和心理狀態之下，當父母告訴他說大家都很愛他的時候，麥克只覺得他們在跟他作對。「我不是說他們不該這麼說，我不否認這句話的重要，但我感覺他們好像聽不見我說的話。

聽在我耳裡，他們彷彿在暗示我這樣不行、我的感覺不正常、我得扭轉自己的行爲和情緒、表現得讓人可以接受才行。有好多人在聽別人傾訴的時候，立刻就會提出自以爲是的解決辦法。但我只需要他們聽我說、肯定我的感受，不必試圖給我任何意見。

「如果這個人本來就很不安，或者壓力很大、情緒低落，又或者充滿了自我否定，你在談話中不去了解問題，卻一味試圖解決問題，就算是出於好意，你也會在無意間加重他本來就有的負面感受，讓他覺得他就是沒用、他就是沒辦法自己解決，結果反而只是雪上加霜。」

良好的傾聽品質不止在於聽，也在於你如何回應對方說的話。麥克感覺雖然他父母聽了，但未必聽懂了，因爲他們的反應沒能呼應他的感受。「對你的父母或伴侶來講，聽到自己心愛或在乎的人說自己沒用、沒希望，他們一定很難過。他們想解決我的問題、想把我變回那個自信又體貼的人，這也是情有可原的事。但事實上，即使他們什麼也不做，只是陪在一旁、讓我説話就可以了。他們的反應讓我覺得他們不了解我的感受。我覺得他們不懂我或我所受的煎熬，就好像我在説東，他們卻回我西。結果我的無用感只是更重而已，因爲我覺得我不能自己解決問題。」

幾個月後，在藥物治療的幫助下，麥克回到雪菲爾，利用校内資源接受心理輔導。「我去見學校的輔導老師，他的輔導改變了我的想法。我順利念完大二和大三。」

麥克後來的病情反反覆覆，但他對於及早發現異狀比較有自覺了。這意味著他懂得在危機爆發前就向外求援，並接受談話治療。「對我來講，臨床上的幫助感覺總像一種中短期的解決辦法，它可以有效幫助你重新回歸正常生活。但我記得第一次打給撒瑪利亞會的感覺不是這樣，接電話的那個人從未主導談話的方向，也從未讓我覺得他想解決我的問題。他只是給我機會充分表達當下的感受，並很有技巧地探索我的內心世界。相對於跟我說『我們現在立刻來解決你的問題』，撒瑪利亞會的志工讓我自己探索，並將我從危機邊緣拉了回來。我現在相信支持一個人最好的辦法就是積極主動的傾聽，而不是試圖立刻解決問題。」

只聽而不解決問題的小叮嚀

♥ 傾聽很重要，因為傾聽讓人把自己的心情表達出來。每個人在某個當下的感受都是獨一無二的，別人不會有一模一樣的感覺，旁人應該讓當事人表達心聲並受到傾聽。

♥ 聽人傾訴時，比起試圖提出解決辦法（我知道連我都很難不那麼「雞婆」），還不如回對方一句「我明白你覺得壓力很大」，即使你也談不上完全明白。告訴對方沒關係、有這種感覺也是情有可原的。接下來，你可以用

「跟我說說怎麼回事，爲什麼你覺得很崩潰？」之類的說法，請對方多告訴你一點。只要肯定對方的感受很正常、有這種感覺沒關係，就能爲他減輕很大的負擔。

♥你不見得要解決問題。如果有人跟你說他覺得自己很沒用，一句「能跟我說說你爲什麼有這種感覺嗎？」，就是解開心結的鑰匙。向外求援，坦承自己狀況不好，並表示需要幫助，不代表需要旁人提出一個辦法。

♥在較爲日常的情境中，你可能會更積極地提出意見，因爲你了解這個人和他的行爲，你或許也知道之前怎麼做對他來說有效，但你不妨讓他自己提出自救的辦法和計畫，因爲這樣他才不會覺得自己很失敗。從旁協助他自己想出辦法來，等於是把決定權交給他，而這麼做就能給他很大的力量。

「真正的傾聽

必須……抛開自我。」

——美國精神科醫師及暢銷作家 摩根・史考特・派克（M. Scott Peck）

專家分享

把你的包袱留在門外

良好的傾聽品質牽涉到兩個步驟：首先是把你自己的想法留給自己，以對方的想法為主；其次是與對方的感受共處，而不插手解決問題。這兩個步驟都做到了，對方才會覺得自己的喜怒哀樂受到了肯定。

你必須從站在他們的立場開始，先試著了解他們當下的心境。以憂鬱症為例，在你把他們從暗處拖出來之前，你自己得先一腳踏進去。你可能會試圖引導對方走到亮處來，但這不是恰當的切入點。你不能一開始就說：「哎呀，人生沒有那麼糟糕啦。」因為你首先必須明白，對那個人來講，人生是多麼黑暗。

有時我會用牆的比喻來說明。他們在牆的那一邊，而你在牆的這一邊，你隔著這道牆對另一邊的人大喊。只說「喂！跳過來啊！這邊的世界很美好」是不會有幫助的，因為如果他們跳得過來，如果他們有辦法越過那道牆，他們早就這麼做了。他們看得到你這邊的世界很美好，天是那麼藍，草是那麼綠。他們也知道自己那邊的世界烏雲罩頂，一片灰暗，雨下個不停。他們當然想過來你這邊啊，但他們不知道要怎麼過來。他們或許需要你的幫助才能越過那道牆。有時候，你可能得搬張梯子，爬上牆頭，把梯子換到另一邊，再沿著梯子爬下去，來到牆另一邊的世界去跟他們會合。

拋開自我很重要，不管聽到什麼，你都要管好自己的反應。因為對方在當下需要的是你的理解，你要竭盡所能去體會這一切對他們而言是什麼樣子。在某些情況下，要做到拋開自我是很困難的，例如對父母來講。父母可能直接就切換到加以主導或控制的預設模式，他們可能會說：「我比誰都了解你，我知道怎麼做對你才是最好的，所以你照我說的做就對了。」看到孩子碰到困難或心裡很痛苦，多數父母當然都會急著想改變狀況。他們會想盡快解決問題。這雖然是情有可原的，但恐怕沒有幫助。

證據顯示，謹慎分享自身跟對方傾訴內容相關的隱私會有幫助。現今有許多療法都是關於嘗試不同途徑助人敞開心扉，或許是用不同的方式問一樣的問題。我們現在較常用的是自我揭露法，例如：「我在想這可能跟你的過去有關，不曉得你同不同意？」這種問法有助對方停下來想一想自己確切的感受。提出一個簡短、中立的問題可能會讓對方說出：「不，我不這麼認為。」或：「是欸，我怎麼都沒想到？」如果是和家人或朋友聊，你沒道理不能更坦誠一點或多刺探一點。你不是治療師。你只是一個因為在乎所以陪在他們身邊的人。舉例而言，如果你的說法是：「我最近也剛喪親，我注意到這件事對每個家人的影響都不太一樣。」你就可以透過分享自身經驗、但不把你的經驗硬套在對方身上來跟對方交流。你把自己變成更有血有肉的人，讓想要找人聊聊的人覺得可以來找你，但你並未把自己變成主角。

良好的傾聽品質是把你的包袱留在門外，抱持開放的態度，來到對方的世界裡，給予真正的陪伴，而不是把對方拉到你的世界來。這意思是你要把你的意見和答案留給自己。接下來，你要越過表面，一層層解開話語背後的涵義，鼓勵對方說得更仔細。

這種傾聽經驗的力量在於一份肯定感。那是一種有人暫時跨過你和他之間的界線來站在你這邊的感覺。為了做到這一點，有幾件事你可能必須阻止自己去做，而阻止自己是需要發揮自制力的。

在我的工作上，跟精神科護士合作時，我們會設法教他們不要直接插手解決問題或駁斥病患的感受。這是一種本能衝動。如果病患很生氣，覺得自己受到了不公平的對待，護士的立即反應往往是向他們解釋沒有這回事。但這是護士的觀點，而不是病患的角度。所以跟他們說沒有這回事，等於是在否定他們當下的感受。護士也有可能試圖找出解決辦法，因而對病患說出「你覺得哪裡不公平？我來解決一下」這種話。我們設法教護士要跟那股憤憤不平的情緒共處，直到病患消氣為止都不要轉移焦點。

這其實有點像正念——你承認問題的存在，你跟這個問題待在一起，但你不主動採取任何作為。純粹只是明白和接受這個問題的存在，看看跟它待在一起會怎麼樣。承認這些感受，不試圖躲開，也不設法將它們埋葬。藉由這種「感受」策略來探究問題的癥結，你在進入理性思考的層次前先感受那股情緒。

為能跳脫自己的立場，你要問問他們確切的感受。如果有人跟你說他心情不好，你要做的不是回想自己心情不好的經驗，而是告訴他說：「你得跟我說說你的心情是怎麼個不好法。」你甚至可以說：「我的心情不好跟你的心情不好想必不一樣。所以，撇開我的感覺不談，讓我了解一下你的感覺。多告訴我一點，幫助我了解站在你的立場是什麼感覺。」

你不見得能明白對那個人來講的感覺是什麼，因為每個人的經驗都是獨一無二、各不相同的。你可能常常都會聽到「你不懂我在說什麼」或「你不知道我經歷了什麼」之類的話，此話不假，但你也不一定要知道別人經歷了什麼，試著讓他們自己想明白、從旁協助他們探索自身的感受才重要。

如果你懷疑情況不只是心情不好那麼簡單，可能已經嚴重到自殘、臨床憂鬱症、有自殺的念頭或想死的感受，你可以稍微做一點研究，情況危急時應撥打急救電話。但你也可以在情況惡化到這種地步之前，為自己充實相關知識，了解有哪些徵兆和症狀，研究相關課題和求助資源，以助察覺情況不對勁的跡象，及早發現這個人可能需要進一步的協助或緊急的照護。學習相關課題有助於做好準備和研擬因應對策。切勿回以震驚或恐懼的反應，導致對方覺得自己傾訴的內容引起你的反感或受到你的反對。如果你問某個人說：「你是不是有傷害自己的行為？」或：「你是不是覺得撐不下去了？」你不會因此就害對方去做傻事。你不會因此給了他們自殘或自殺的靈感。事實上，讓人明白說出自己的想法和感受沒關係不但有幫助，還是好起來的第一步。

聽家人、親密愛人或至交好友傾訴內心的苦，可能是一個莫大的挑戰。重要的是在當事人正值痛苦之際保持溝通的順暢，並將重心放在他們的觀點上。

——臨床心理學家及撒瑪利亞會理事潔琪（Jackie）

專家分享

如何避免試圖替他人解決問題

在家人之間有很多因素都會影響談話的本質。倒不是說一家人就沒辦法彼此傾聽，而是如果你和某個人的關係很親，你們的談話就會有不同的預設立場。跟你很愛或很親近的人談話，他們認為你不會明白，或他們不想麻煩你、不想成為你的負擔，都是常有的事。於是，他們頓時就落入一種很難吐露私密心事或表達情緒的為難處境。

以前我是一個很愛幫忙解決問題的人，就許多方面而言，至今我還是出於本能就會這麼做。但自從成為撒瑪利亞人之後，這些年來，如果家人或朋友找我深聊或談他們的煩惱，我比較不會試圖出主意或解決問題，而是懂得只要聽他們說就好了。

身為撒瑪利亞人，你要花時間跟來電者打好關係，取得他們的信任。這可能有困難，畢竟你只是電話另一頭的一道聲音，而他們往往是在談一件飽含情緒的事情。然而，一旦建立起那份信任，來電者有時反而覺得跟我們聊比跟認識的人聊還容易。撒瑪利亞會的志工關心電話那頭的人，但他們是在跟一個素不相識、以後也不會有交集的人聊。我總是一再聽到來電者說：「我可以跟你聊這件事，但我不能跟我媽／我弟／我認識的任何人聊，因為我不想造成他們的負擔或讓他們擔心。」

若是和親近的人聊，因為你們本來就認識，所以相對可以自然而然就聊起來了，不必花時間打好關係，但你永遠無法抽離自己對朋友或家人的情感。撒瑪利亞會的志工不會建議或指點來電者該怎麼做，相形之下，多數人在聽親近的人傾訴時，往往都會貿然提出解決辦法，因而說出「你為什麼不這樣做就好了」之類的話。這往往是因為我們不願看到自己心愛的人壓力很大或情緒低落。

但貿然提出解決辦法的問題在於你還沒有好好聽過他們的說法，所以你還沒有真正了解情況。跟這個人越熟，你就越有可能妄下論斷。你可能會覺得：「喔，我很了解她啊，我知道她現在是什麼感覺。」但如此一來，這個人可能就會覺得你沒在聽或你不認同她，因為你沒給她探究來龍去脈的空間。可能連她也不明白自己是怎麼了，而她只是需要一個空間去摸索清楚，但你卻奪走了那個空間，直接就把你的想法和辦法塞給她。這麼做可能引發防衛心理，接下來對方恐怕就會有所反彈了。

在跟你熟識的人談話時，你可以多刺探一點。只要你秉持著同理心，並把主導權留給他們，那就沒問題。在撒瑪利亞會，我們透過開放式的問題幫助來電者思考他們有哪些選擇，例如：「你覺得什麼樣的協助或支持可能對你有好處？」「你有沒有找人聊過呢？」或：「你都用什麼辦法轉移自己的情緒？」在私人對談中，你也可以提出類似的問題，或至少引導他們打開話匣子。只要確保你是用問問題的方式，而不是用下指令的方式就可以了。

聽到你愛的人說自己一文不值或貶低自己，你可能覺得聽不下去，只因在你眼裡事實恰恰相反。但若是跟他說：「不，你才不是一文不值！你很棒，你最棒了！」就算他真的很棒，你也等於是在告訴他「我不認同你的看法」。而對一個腦內小劇場陷入負面循環的人來說，他聽到的意思就是你認為他是錯的。這個人可能就不會再告訴你他的感受了，因為他無法跟你交流、無法取得你的理解。你可能因此對自己「無能」解決問題感到很絕望、很不安。更有甚者，你說不定會以為現在都好了、什麼問題都沒了，因為他不再向你訴苦了。其中的危機就在於你們永遠都不了解彼此。

對意圖幫忙解決問題的一方來講，嘗試照顧和保護對方的本能衝動可能很強，但當事人往往也不明白自己其實只要有人聽他說話就好。所以，最重要的是察覺異樣、作出回應和洗耳恭聽。

——撒瑪利亞會志工和理事蓋爾斯（Giles）

「多數人都不是懷著想要了解的意圖去聽，

而是懷著想要回話的意圖去聽。」

——美國管理學大師　史蒂芬・柯維博士（Dr. Stephen R. Covey）

8

將談話重心
放在傾訴者身上

別把自己的經驗投射到別人身上

我們往往會透過自己的經驗去看、去聽或去感受一切——換作是我會有什麼感覺？這符合我認為的事實眞相嗎？我們可能會犯以己度人的毛病，以自己為參考基準去揣度別人在說的情況，但這跟了解對方是不一樣的。而且，聽你講一堆你自己的經驗對他們來說恐怕沒有幫助。

在兩個人一來一往的日常對話中，順著談話的節奏說出「喔，對，我也是」是很自然的事。提出類似的經驗作為參考是沒問題的，你可以善用過來人的經驗，幫助別人探索他們可以選擇的協談資源或求助管道。有共同的經驗往往也是別人一開始為什麼來找你聊的原因。當你要主動跟你擔心的人聊難以啓齒的話題，共同的經驗也是一個很好的起點。藉由吐露自身經驗，你讓對方知道這裡有一個安全的談話空間，他可以放心跟你聊他的感受。

透露一點自己的經驗也意味著你能同理他的遭遇，但話題不要一直繞著你自己打轉。適時拋開自己，把心思放在對方身上，問他能否跟你多說一點。切記不要指點對方該怎麼做，除非他們徵詢你的意見；也絕對不要告訴對方該怎麼想。談話的焦點務必放在你要幫助的這個人身上。如果你發覺自己說得太多了，那麼你可以問對方一個開放式的問題，重新把話題拉回他們身上。

他們可能還沒準備好要去聊，但問問你自己：你眞的有在聽他們說話嗎？還是你太快聯想到自己的經驗上去了？你有沒有任意揣度他們的感受？你是否不自覺地認定他們的感覺就跟你一樣？每個人的情緒、反應和回應都不會一樣。首要之務就是專注在他們身上，讓他們說話，給他們空間表達和探索他們想談的東西。保持中立，避免把自己的經驗套在他們的情況上。

傾聽小訣竅

如何意識到自己沒在聽

有某些警訊會顯示出你沒在聽，如果你發覺自己說出了下列句型，那就表示你關起自己的耳朵了，這時就要提醒自己打開耳朵。

- 「那你不覺得你應該……嗎？」
- 「不然你就……嘛！」
- 「或許你可以試試……」
- 「你何不……」
- 「你只要……就好了。」

•「我就知道你會這樣說／這樣做。」

萬一發生上述情況，你可以暫停一下，深呼吸一口氣，接著嘗試提出一個開放式的問題，把焦點拉回你在傾聽的人身上。

「有知識的人發言，

但有智慧的人傾聽。」

——美國知名吉他手　吉米・罕醉克斯（Jimi Hendrix）

★專家分享★

避免一個勁兒談你自己

一般談話情境中，當你在聽別人傾訴時，你往往會找尋讓你代入個人經驗的線索。如果有人說：「我的狗死了，我真的很難過。」你可能會提出自己的經驗說：「我懂，我以前養的狗也死了。」接下來，你搞不好會花二十分鐘大談自己的經驗。對方或許有興趣聽，但你其實沒有給他機會談他的感受。「不是真的在聽，只是在等著發表意見而已」的習慣可能很難打破。積極主動的傾聽比較有幫助，你要把心思放在對方說的話上，不要打斷他，並仔細思考他想表達的重點。

如果有人暗示說他想聊一聊，也許他期待得到的回應是：「這樣啊，那你有什麼感覺呢？」或：「這件事對你造成什麼衝擊呢？」諸如此類的回應或許就能讓對話展開，最終帶出截然不同的話題。愛犬過世或許勾起了飼主有關喪親的傷心往事，而這是他帶出不同話題的方式——可能連他都沒有意識到自己是在用這種方式試試水溫。傷心失意的人真正想談的話題，不見得是他們一開始先提的那件事。

所謂無聲勝有聲，如果有人對你說：「我昨天過得很不好。」你可以先沉默一下，或是用鼓勵的語氣給出簡短的回應，例如：「是喔?!」讓他們有機會順著一開始的話頭說下去。這種回應方式暗示你同意他們繼續。用這種方式回應，你才不至於堵住他們的嘴巴，或把你自己變成主角，變成彷彿在暗示他們說：「天啊，太尷尬了。我實在是不想聽你訴苦。」

許多人都很怕聽人訴苦，心想這樣搞不好會鼓勵對方沉湎於痛苦之中，殊不知對方可能只是需要把內心的煩憂表達出來。有時當一個人把內心的恐懼說出來之後，這份恐懼似乎就不像在腦子裡打轉時那麼嚴重了。給人透過談話抒發心情的機會，把談話的重心放在他們和他們的感覺上，或許就能幫助他們走出恐懼、放下煩憂，或至少開始認識自己的恐懼與煩憂。

——撒瑪利亞會志工安（Anne）

越親的人，越需要你的專注傾聽

在日常生活中，我們聽彼此說話的方式受到我們對談話對象的認識影響。有時候在關係較親的人發生衝突的過程中，我們可能會聽到（或說出）：「你到底有沒有聽見我剛剛說的話？」或「不要插嘴，讓我說完」之類的話。在和親近的人互動時，因爲你知道（或自以爲知道）他們的行爲模式，所以你可能自然就會預設或料想他們對某些事情的反應。

在碰觸棘手的話題時，你之所以會假設自己已經知道對方會怎麼想、怎麼說或有什麼感受，原因可能就在於此。但你如果懷疑他們有焦慮症、憂鬱症或心理壓力很大，你就必須接受自己可能不知道他們在想什麼的事實。記得問問自己：「我眞的聽了他們的說法了嗎？」

我們都嘗過心聲得不到傾聽的挫折或憤怒，感覺自己彷彿只是在自言自語或唱獨角戲，無法跟人有眞正的交流。無法交流可能激起惱怒、寂寞、備受誤解的感受，或讓你覺得沒人要聽你的說法。

所以，即使別人的反應就跟你料想的一樣，也不要說出「我就知道你會這樣說」這種話，改成問一個開放式的問題，讓談話可以繼續下去。

有時你可能要慢慢深入了解之後，才發現這個人的情緒問題比你原本意識到的嚴重多了。先把你的判斷留給自己，讓對方可以跟你一起探索他的感受。對方一開始可能只是說他

「『聽』和『傾聽』多有不同。」

——英國作家　吉爾柏特・基斯・柴斯特頓（G. K. Chesterton）

「心情有點鳥」，到了最後卻告訴你說他實在撐不下去了。所以，請他說清楚一點，問他有什麼感覺、他的感覺是否異於尋常、那是什麼樣的感覺。

不要以爲你最懂

爲了情緒問題向外求助的人，可以得到的幫助似有落差存在。一方面，他們可以尋求臨床上的心理健康服務，而無論是經過全科醫生十分鐘的看診後轉介給諮商師，還是住在療養機構接受長期的照護，臨床上關切的主要是症狀、行爲、病徵、診斷、藥物的介入和治療。另方面，你有好意的朋友或家人，他們的出發點是愛與關切，但往往因爲急於解救自己關愛的人，一心想要盡快找到解決辦法，結果就直接插手主導或控制一切，意圖讓情況好轉。然而，對當事人來講，旁人的介入可能只是徒增困擾和衝突而已。「我最懂」的心態伴隨著扭轉情況、控制一切的渴望，不僅奪走了當事人的力量，也可能在不經意間加重了他們自認無能為力的想法。

但在兩者之間還有一個空間，當事人希望有人站在他那邊，無論碰到什麼事情，只要有人陪在身邊就好——不必找到解決辦法，只要有你在，只要你在一旁給他們支持。撒瑪利亞會就屬於這個中間地帶，當人需要有個地方發洩一下、卸下任何心頭的重擔、聽到有人關心他，我們就提供了這樣一個不帶論斷、沒有壓力、懷著同理且絕對保密的地方。在絕大多數的情況下，人只是渴望受到傾聽。只要能跟人傾訴一下，並聽到有人說「沒關係」、「我在聽」或「你想聊聊嗎？」就好。透過敞開心扉談自己的感受和用心彼此傾聽，人人都能去到這個介於中間地帶的地方。

實例分享

「求傾聽」和「求幫忙」是兩回事

三十一歲的詹姆斯．唐斯來自卡地夫（Cardiff）。打從剛進入青春期，他就開始了他和強迫症及飲食失調症的搏鬥。在學校，他沒有什麼很要好的朋友。家裡的氣氛則像是一切都必須好好的，因爲他媽媽有心理健康的問題，他不想再爲她平添負擔。

有很長一段時間，詹姆斯都覺得很孤單、很寂寞，彷彿他的問題或心情任誰都無法觸及。而當他覺得沒人要聽時，他就會直接放棄、懶得多說，結果只是讓情況雪上加霜。

「在我的人生中，有幾個時期我覺得無人可訴。」他說：「你獨自承擔一個問題越久，這個問題就變得越沉重。但透過跟人聊，你會發現問題其實沒你想的那麼嚴重。聊一聊就能讓你喘口氣，暫時不必自己扛。如果我想找人聊，不管是跟朋友、家人或諮詢熱線的志工，我要傳達的訊息不是『幫我解決』。我不是在請他們給我意見。我在說的是：『我們能不能同甘共苦一下就好？我一個人揹得很辛苦。我有點負荷不了了。』

「有時候旁人立刻就會接著說：『好，那所以我們該怎麼辦？』但重點是你只是想找人聽你說話，你要的不是他們的意見，否則你就會請他們幫忙出主意了。『求傾聽』和『求幫忙』是不一樣的，我覺得大家把這兩者混為一談了，找人聽你說話的意思不是在說『我陷入危機了，快來幫我想辦法』。」

詹姆斯從朋友和家人身上發現，人有時似乎很怕聽別人傾訴，因為他們怕自己表現出來的反應不符期待，或怕自己非幫你的忙不可。「我常聽到朋友這麼說，但我都會強調他們不用提供協助或建議。有時候，人之所以拒聽是因為不想承擔別人的問題。他們可能不想捲進別人的是非，這也是情有可原的，畢竟每個人都有自己的生活要忙。我再再向他們保證沒那麼可怕，你只要坐在那裡全神貫注洗耳恭聽，就這麼簡單。我其實不期待你採取什麼行動，但純粹只是聽還是有很深的意義。你不用擔心『我該做什麼或説什麼？我會不會做錯事、説錯話？我會不會越幫越忙？』事實上，除了用問問題或做反應來表示你有在聽，你就什麼也不用做。光是聽就夠了。」

不幸的是，詹姆斯之所以這麼久都沒有找人聊，是因爲他覺得跟人交談很困難，而這又讓他更難開口求助了。「我很難克服障礙到醫療照護機構去，向專業人員解釋我怎麼了、我覺得日子很難過。我想要有人聽我説話，但又覺得好像都沒人了解我，於是我就退縮了。那時的我不堪一擊，敏感話題一碰就痛。」

整體而言，詹姆斯覺得他的經驗都在於用行爲、症狀和診斷的形式來解決問題。「因爲我有強迫症和飲食障礙，所有的治療都是針對改變行爲、緩解症狀，接著就叫你出院。『有人分析我的行爲、釐清我的狀況，以便解決我的問題』和『只是懷著同理和疼惜聽我傾訴』有著根本上的不同，後者可以帶來很大的幫助。」

隨著心理健康的惡化，詹姆斯開始覺得好像他的問題不是眞的。「感覺起來，我像是被推到黑暗的角落裡，彷佛只能獨自面對我的焦慮或痛苦。當我試圖向人傾訴，大家都躲得遠遠的。最終的下場，就是我罹患了精神疾病。但回顧起來，我只是一個在人生中掙扎、在這個世界上掙扎的年輕人。我只是覺得非常、非常孤單，沒有任何人跟我一起分擔那份感受。」

詹姆斯的飲食問題後來嚴重到不得不請假在家，因爲他的身體撐不住，沒辦法去上學。他以院外治療的方式，在家接受社區醫療團隊的密集照顧。到了二十歲上大學時，他也難以適應人生階段的改變。「第一學期，我的狀況很不好，不只沒再去聽課，甚至完全不出門了。到了最後，那一學年剩下的時間，我只能休學在家。第二年，我嘗試要回到學校，但還是失敗了。我還記得當時那種孤立無援的感受。我覺得很孤單，而孤單的感受很難熬。那一年，多數時間我都沒去上課或聽講。我誰也不見，甚至連同住一屋的人也見不到我。」

由於排隊等候的名單很長，再加上把病歷從家鄉轉到學校所在地的一些行政問題，詹姆斯得不到他迫切需要的飲食失調症相關協助和專科治療。「我徹底放棄向外求助，直到情況危及我的身體健康。我眞心認爲我痛不痛苦不重要，反正也沒人在乎。」

詹姆斯和其他同學同住一屋，但他不去學校上課，也不去認識新朋友。他忍受著越來越嚴重的飲食失調症，把自己藏起來，最後嚴重到萌生自殺念頭的地步。「我覺得光靠自己沒辦法跟飲食失調症共存。在這麼痛苦的同時還要活下去，我辦不到。有時候在一些很可怕的瞬間，我會覺得自己無處可去。我覺得我沒有別人，就只有我一個人。」

詹姆斯去看全科醫生，還跟醫生說他想結束自己的生命，但詹姆斯並沒有得到他需要的幫助。「離開診所的時候，我覺得我已經無計可施了。所以，我還眞的動手自我了斷。我不記得確切的情況了，反正過程中我打了一通電話給撒瑪利亞會，後來的事我沒什麼印象，只記得自己在醫院裡醒來。回到我住的地方之後，我看到我的房門被破壞，也看到我在餐桌上寫了撒瑪利亞會的電話號碼。我記得自己當下有一種如釋重負的感覺。出院之後，我又打了幾次電話到撒瑪利亞會。回家後打的某一通電話中，電話那頭的人說了『聽起來眞的很辛苦，你一定很難過』之類的話，我不記得確切的內容了，但我清楚記得她說的話帶給我的感受。突然間，我覺得原來我有這種感覺很合理。就像頓悟一般，我第一次覺得自己會難過是很合理的，換作是別人也會很難過。了解到這一層讓我鬆了好大一口氣。不是只有我會這樣。我消化不了自己的情緒不是因爲我不好，也不是因爲我很軟弱。這是一段漫長歷程的第一步，接下來，我才慢慢想通一切的一切，並體認到求助是值得的。」

詹姆斯從學校回到家鄉，專門針對飲食失調症接受他需要的治療，此時離他第一次被診斷出重度厭食症已經過了六年多的歲月。「眞的是一段很漫長的歷程，但若不是有人願意聽，我可能已經徹底放棄了。」

在詹姆斯的經驗裡，歸結起來，受到傾聽的重要性就在於一份被肯定的感覺。有人告訴他「你有這種感覺再正常不過」和「無論你有什麼感覺都沒錯」，眞的改變了他看待自己的眼光。以前，他總覺自己的行爲和感受沒有道理。「狀況最糟的時候，我覺得這一切好像都不是眞的，因爲只有我一個人會這樣。」他說：「再加上嚴重營養不良，導致我跟現實脫節。那種狀態很可怕。但當你向外求助，別人的反應卻是想解決你的問題，這就等於是在告訴你：你想說的話不值一聽。『有人願意聽』的力量在於深刻的連結，因爲如果有人可以只是在那裡聽你說話、肯定你的一切感受都是千眞萬確的，你就會覺得自己受到了認同。」

久而久之，不管是在課業上，還是在跟別人的相處間，詹姆斯的適應力越來越好，也時時都能自信地表達出自己不OK的部分。他不但回去念書，還從劍橋大學拿到心理學和教育學的碩士學位。他也跟愛他眞實的一面、接納他的不完美的人建立起有意義的關係。

「傾聽支撐我走過一些很黑暗的時刻。重點不在於傾聽的人很有技巧，也不在於他們給了我正確的回應，或他們嘗試幫我解決問題或給我建議。重點在於他們付出的關注，以及他們展現出的同理與疼惜。單純只是付出你的時間陪在一旁，就是你能給別人的最佳贈禮。」

給傾聽者的小叮嚀

♥請放心，你不用幫忙解決任何問題。你不必想出一個辦法來，也不用訂出一套計畫來。你甚至不用說太多，就能讓人有眞正受到傾聽的感覺。只要讓他們知道他們不是一個人就好。

♥試著不要太咄咄逼人。告訴對方說你想陪在他們身邊、這對你來講很重要、如果能攤開來談就太好了，以此爭取跟他們好好聊一聊的對話空間。此時不聊，更待何時？

♥是不是專家、有沒有專門的知識眞的不重要，重要的是當一個有同理心的人。我但願大家都能有這份信心，知道自己只要願意聽就能幫人幫到心坎裡。

♥不必糾結於如何給對方回應、什麼才是最好的回應方式或說什麼才對，只要讓他放心對你傾訴就好。如果你的回應不是那麼完美也沒關係，他不會怪你的，因爲他自然就會明白你是出於好意、你很努力了。

♥打開交流的管道有助於給對方一定程度的安全感。而在這個安全的對話空間中，接納對方所說的一切則能給他莫大的肯定。有人看見你內心的曲折、無條件接納一切、無意插手改變什麼，這對當事人眞的幫助很大。

不要對別人的感受下指導棋

人很難眼睜睜看著自己在乎的人失去對生活的熱情，尤其如果是對你們共有的生活。如果他們對自己或自身處境的感覺很惡劣，叫他們看看事情的光明面或許像是在幫忙，但對他們來說，諸如此類的開導其實沒有幫助。你的話聽在他們耳裡，可能像是在說他們不該有這種感覺，或你不相信他們，即使你的本意絕非如此。對於自己無法欣賞人生美好事物，心理健康狀況不佳的人可能本來就有罪惡感了，你如果還叫他們「看事情的光明面」，或跟他們說「開心一點嘛，比你慘的人那麼多」，都可能加重他們本來就有的罪惡感。

有害無益的NG句型

- 「開心一點嘛。」
- 「你沒有什麼好傷心／擔心的。」
- 「看看你擁有的一切，你有這麼多快樂的理由！」
- 「你已經比很多人都好命了。」
- 「天底下還有更慘的事情呢！」
- 「又不是世界末日。」

- 「不要這麼玻璃心。」
- 「牙一咬就過去了。」
- 「只有你才能改變自己，別人幫不了你。」
- 「不要再這樣下去了，你要振作起來。」

不NG的句型

看著心愛或在乎的人受苦卻無能為力固然很難受，但你可以試著用支持而不帶論斷的方式，鼓勵他們做自己的主宰。

以下是一些不NG的應對語句或勵志小語，你可以跟你想幫助的人分享這些句子，提醒他們要麼可以接納自己的感受，要麼可以改變自己的心境。學會接納是需要練習的，但若能認清困擾自己的是什麼，他們就能靠著複誦這些語句，讓自己覺得有力量改變自己的心態。

- 「這件事確實很令人難過，但難過的感覺終究會過去。」
- 「我不用讓這件事困擾我。」
- 「以前我也有過這種感覺，瞧我現在還不是好好的。」

不帶論斷的傾聽

不帶論斷的傾聽是撒瑪利亞會談話中的關鍵要素。你不希望找你談的人怕你對他有成見或擔心受到你的否定，所以，要小心你說的話和你表現出的肢體反應。撒瑪利亞會的志工受到保持中立、情感內斂、動作收斂的訓練。他們要把自己的意見和反應擺一邊，以抽離的立場沉著應對，給人安定的力量。朋友、家人和親近的人要做到這一點顯然有困難，因爲當你看到自己在乎的人很痛苦，你也會很煎熬。所以，人在這種情況下比較難收起自己的情緒，但一定要以受苦或碰到困難的當事人爲優先。如果你也需要以自己爲優先，沒關係，你可以改天再把自己排第一，你有的是以自己爲中心的時間。但在當下那一刻，試著把發言的機會讓給請求受到傾聽的人。

你如果擔心自己可能很快就會情緒潰堤，不用擔心，哭出來沒關係，這種反應可以顯示出你的關心和認同。自然的眞情流露是很健康的，尤其是聽到令人於心不忍的事情。眞情流露和陪對方一起哭不是壞事。我們都是人。如果你關心這個人，那就表現出來沒關係。不壓抑很重要，而且表現出來也有助讓對方明白你的感受。但切記你自己要做好讓這些情緒浮上檯面的心理準備，並事先想好做何反應才是最有幫助的，以免嚇得對方不敢繼續說下去。如果你聽了情緒大壞，或表現得激動不已、氣勢洶洶，對方可能就會縮回去，不知道接下來還能找誰聊，甚至懷疑自己該不該跟任何人提起。

把焦點放在他們身上，保持談話的平和，他們才不會嚇得不敢再說下去。即使你的內心澎湃洶湧，也要暫停一下、深呼吸一口氣，試著壓下憤怒或崩潰之類情緒爆炸的反應。每當有人向你吐露難以啓齒的心事，最有幫助的做法就是接納他們所說的一切，盡你所能了解他們的觀點。

如果第一次的嘗試沒有結果，那就之後再重新來過，待情緒平復再試一次。繼續聊就對了。給人一個擁抱、讓他們知道有你在可能就夠了。他們可能還沒準備好要聊，你不能硬是撬開別人的嘴巴，但只要讓他們知道有你在聽，或許就足以改變他們的心意。說不定要不了多久，他們就有辦法說出來了。

【第三部】

實際的幫助和自我照顧

「重點不在於你遇到什麼事，
而在於你遇事如何因應。」

——古希臘哲學家　愛比克泰德（*Epictetus*）

9

給予傾訴者幫助的實際做法

做研究和做準備真的有幫助

要跟你擔心的人談棘手的話題，其中一個做準備的辦法，就是做好不開心的準備。如果你懷疑家人、朋友或伴侶碰到了困難，而你想跟他們聊一聊，不妨先花一點時間想想他們可能的反應，也想一想你自己對於他們告訴你的事情要做何反應。

或許是在腦袋裡默想，或許是寫在紙上，或許是跟某個你信任的人一起討論，針對你想問的問題和可能的結果事先沙盤推演一下，以免到時候你表現出衝動的反應。如果有人信任你到願意向你傾訴，那對你來說可是很大的恭維，而你可以用細心體貼的反應來回報那份信任。輕率的反應有可能讓傾訴者的感受更惡劣，或導致他們未來不再開口求助。

要注意人生中的變化有可能加重心理健康的問題，這包括離婚、喪親、搬家或離家上大學。在這些時候，不妨適時問候一下當事人，好好跟他們聊聊內心的感受。

從情緒低落到焦慮症、憂鬱症和躁鬱症，針對各式各樣隨時可能席捲任何人的情緒問題，養成平時研讀相關資料的習慣。把自己準備好，有一天有人對你傾訴時，你就會覺得比較有能力去回應，而不至於自亂陣腳或陷入苦惱。

無論你關心的人怎麼了，一般都能查到相關的可靠資訊。所以，多了解一點他們的狀況，說不定能幫助你想出別種爲他們提供支持的辦法。自己做些研究，你就比較知道如何幫助他們探索手邊的選項，或許也能爲他們減輕一些必須向你解釋一切的壓力。

實例分享

制定安全計畫書

波琪·奈茲密斯是一位專攻兒少心理健康的教育家。她本身有自閉症、飲食障礙症、焦慮症、憂鬱症及創傷後壓力症候群的病史。有時候這些問題全部一起來，日子變得非常難過，她覺得自己一個人應付不來。「大約五年前，我的病情急遽惡化。」她說：「弄到最後，我在不同的時刻都有自殺的衝動。我到五月樹自殺療養中心（The Maytree Suicide Respite Centre）休養了一段時間，並住院接受厭食症的治療。」

這段期間，自殺和自殘的念頭在波琪的腦海中揮之不去，她的情緒持續處於極度痛苦的狀態。「我真的很低潮，而且有時焦慮到沒辦法出門。要是出門，我就會恐慌發作好幾次，出現各種解離症狀❺。其中一件對我有幫助的事情，就是可以打電話找人說話給我聽或聽我說話。視情況而定，我可能只想聽人說說話，也可能想要有人聽我說說話。如果時間還不太晚，我就會打給我的朋友喬。但如果是三更半夜，那麼撒瑪利亞會總感覺像是唯一的選擇。有人在電話另一頭可以讓我覺得跟這個世界有連結，這樣我就不至於徹底解離掉。我比較能把注意力擺在當下，也比較有解決問題的能力。有人傾聽那份痛苦而且不被嚇跑眞的很重要，這就足以阻止我傷害自己了。」

在這些時候，朋友喬的支持對波琪而言是無價的。有時候，他會支持她去接受治療；有時候，他們會聊聊天、說說話；也有時候，他就是陪在一旁而已。「在我低潮時，他會接住我——這不只是一種比喻，他眞的會來接我，或坐在旁邊陪我哭，而且常常是在公共場合，但他毫不介意。他就坐在那裡，由著我發洩情緒。」

根據波琪的經驗，在見全科醫生之前，先做一些研究、想好你要說什麼，比較能讓你得到有幫助的回應。「說來不幸，並非所有全科醫生都是心理健康的專家，而且他們往往工作太忙。最難克服的一件事，就是如果你眞的吃了閉

❺解離（dissociation），心理學術語，指精神受到刺激而產生失憶、恍神遊走、知覺麻痺、身體無法動彈等現象。

門羹，遭到全科醫生拒絕的經驗往往會助長你的自我否定，讓你更加覺得自己不配得到幫助，因而關上了接受進一步治療的大門。我的建議是先做一點研究，例如確保你預約到最合適的醫生幫你看診。試試打電話到診所去，問問有沒有哪位醫生的專長是心理健康。」她也建議找朋友陪你去，以便有人在那裡給你支持，不管他們是跟你一起進到診間，還是陪你直到進診間前爲止。「跟全科醫生談話的時間很有限，所以，事先想好你要怎麼向醫生說明你的狀況，以及你覺得接下來怎麼做會對你有幫助。」

被轉介給專家這一步很重要，因爲正確的診斷才會帶來正確的照顧與治療。「撕下標籤，把每一個人都當成『人』來看待，越過一個人的缺陷、看到他的長處，眞的很重要。然而，我們確實活在一個對精神疾病有專業研究的時代。一旦得到正確的診斷，我所接受的治療一夜之間就能根據問題的癥結做出改變與調整。被診斷出有複雜的創傷後壓力症候群之後，我就接受了眼動減敏與歷程更新療法（Eye Movement Desensitisation and Reprocessing，簡稱EMDR）。那是一種互動式的心理治療方法。經過幾個月的治療，數十年來摧毀我的人生、左右我的情緒和感受的問題就變得好處理得多。同理，得到正確的藥物治療也給了我一個基礎，讓我可以開始正常生活了。」

有很多年的時間，因爲精神科藥物的汙名，也因爲覺得應該要靠自己好起來，所以波琪一直很排斥吃藥。「但當我一開始接受藥物治療，我的病情就有了一百八十度的轉變。首先，藥物減輕了我的焦慮，讓我吃得下飯了。其次，藥物也緩解了創傷後壓力症候群某些特定的症狀。我的意思不是說我突然在一夜之間都好了，而是我有了一個比較好的起點。人有時會對藥物抱持異樣的眼光，但吃藥沒什麼好可恥的。如果你有糖尿病，那你就要注射胰島素。換作是抗憂鬱劑，爲什麼就不一樣了呢？」

波琪極力鼓吹安全的防範計畫。「如果你很擔心某個朋友，不妨鼓起勇氣跟他說：『我們聊聊吧，想想怎麼做能確保你的安全。』你可以問問他：『有什麼東西應該收起來，離你遠一點？還是有什麼地方不能讓你去？萬一你有可能在衝動之下做出什麼事，情況危急之際，有什麼辦法可以在第一時間保障你的安全？』辦法可能很簡單，比如說：『我會強迫自己玩一分鐘的手遊，玩完再看看我感覺怎麼樣。』這些再基本不過的事情就很有幫助。另方面，當你不知道要怎麼切入一個棘手的話題時，也可以從制定安全計畫聊起。你可以從stayingsafe.net上面找到安全計畫的範本——看你是要下載現成的PDF檔，還是要自創一份計畫書。安全計畫書對解除危機的幫助很大，因爲人在情況危急時，大腦無法理性思考，但如果你事先已經印好一份計畫書隨身攜帶，或是把它存在你的手機裡，那麼你只要遵照自己在情緒平靜時寫下的指示來做就好了。趁你狀況比較好或比較能控制自己的時候，事先想好情況危急時要怎麼做，這很重要，因爲在情緒陷入危機的當下，你眞的是過一分鐘算一分鐘。」

對波琪來說，備妥一套安全計畫幫了她很大的忙。而在她覺得自己破碎不堪、一文不值的時候，有個懂她的朋友陪在一旁眞的很重要。「光是知道有人在我身邊，無論我有多崩潰，他都關心我、願意聽我說話，不會被那些我很害怕的事情嚇跑，就讓我覺得受到了認同，並給了我希望。」

如何給予實際上的支持

有時候，你唯一能爲情緒陷入痛苦的人做的事，就是幫忙分擔煮飯、洗衣之類的雜事。要他們說出自己怎麼了可能需要花點時間。人在深陷痛苦中時，往往會覺得別人說什麼都不重要，因爲在當下反正什麼都不能讓他們好過一點。在這些時候，他們有你的陪伴才是最重要的。一旦準備好了，他們自然就會說出來。

所以，面對正在痛苦中掙扎的人，你可以試著幫忙處理一些日常事務，爲他們分擔肩上的重擔，包括：

- 幫忙採買和料理食物。
- 幫他們整理帳單。
- 幫他們穿衣著裝。
- 提議載他們去想去的地方。
- 照顧他們的寵物。
- 幫忙做家事。
- 幫忙處理其他的雜事。

對許多人來講，只要把日復一日的例行公事處理好，就能讓人不再覺得不知所措和焦慮不安。

能提供協助的事項

利用本頁空間，寫下你或許能幫當事人處理的事項。

1. 列待辦事項清單（如果第一項就寫這個，那在這十項當中你至少能執行一項）

2.

3.

7.

6.

5.

4.

8.

9.

10.

制定日常活動和計畫

提醒你關心的人，有一些日常活動可以用來當作應對機制。你可以幫忙他們制定活動計畫，或是幫忙記錄他們的活動。舉例如下：

慈善活動：

- 把不需要的東西拿到慈善商店❻。
- 向人推薦一件你愛的事物。
- 探望年長的鄰居。
- 探索當志工的機會。
- 幫助別人完成一件他們的計畫。

創意活動：

- 料理大挑戰或烘焙大挑戰。
- 素描或畫畫。
- 玩解謎遊戲。
- 創作一首詩或一則短篇故事。
- 寫日記或自製剪貼簿。
- 跟著線上手藝課一起玩手作。

❻ 英國各地皆有多種慈善機構成立的二手商店，民眾可將家中物品捐至店內，銷售所得即作為公益用途。台灣類似的單位則有「愛馨物資分享中心」、「iGoods愛物資—物資分享平台」等。

學習活動：

- 研究一下你有興趣的主題。
- 學習新語言。
- 看一部有趣的紀錄片。
- 讀一本書。
- 了解地方上的歷史。

體育活動：

- 游泳。
- 騎單車。
- 短程散步。
- 上健身課。

- 在家跟著線上健身課一起運動。

衛生活動：

- 打掃居住空間。
- 詳列本週購物清單。
- 換床單。
- 洗衣服。
- 整理書櫃。

換個場景：

- 去美容美甲沙龍一趟。
- 在花園或公園裡坐一坐。

- 開車兜兜風。
- 走路去買東西。

練習善待自己：

- 靜坐冥想。
- 上一堂線上瑜伽課。
- 穿上最舒適的衣服。
- 泡杯茶給自己。

人際活動：

- 約朋友見面。
- 找一個吸引你的俱樂部、社團或地方團體去加入。

- 打電話給家人。

娛樂活動：

- 看電影或舞台劇。
- 製作一份主題播放清單。
- 看你最愛的電視節目。
- 聽一些沒聽過的音樂。

五感活動：

- 點香氛蠟燭。
- 泡個暖呼呼的泡泡澡。
- 裹進一條舒適的毯子裡。

訴諸文字

胡辛・曼納威爾是一位詩人，也是一位社運家，他用表演來消化他的傷痛和心理健康問題。

「我走出喪親之痛的心路歷程既漫長又曲折。」他說：「很多人離我而去。但就在我二十六歲那年，我媽因爲腦動脈瘤猝逝，事發突然，誰也沒料到，感覺就像我的人生支柱垮掉了，房子搖搖欲墜，而我踩在凹凸不平的地面上。我的人生彷彿歸零重來。喪母之痛不只那時很痛，到現在還是那麼的痛。」

胡辛的母親過世時，他和兄弟姊妹直接進入專案經理模式，忙著料理後事和整理遺物。幾天之後，他才意識到她再也不會回來了。「到了這時，我都還沒掉過一滴眼淚。但葬禮過後，她的房子裡到處是人。有人在她家的樓梯上走來走去，有人從只有她開過的抽屜裡拿出餐具來用。我突然意識到，她再也不在那裡了、我們永遠失去她了，當下我才哭了出來。」

每個人處理喪親之痛的方式都不一樣。「哀悼的過程是個人專屬、獨一無二的經驗，你的經驗就是專爲你一人設計和量身打造的。但你處理得來也走得出來，因爲這就是愛你的人想要看到的。如果我上天堂找我媽，跟她說我只是成天坐在那裡哭，她一定會說：『我的孫子孫女呢？你的工作呢？我可不是這樣教你的。』

「在亞洲文化中，婚姻是終身大事。我在我妹結婚前夕跟她說：『到時媽不能出席你的婚禮，你一定不好受。』結果我妹說：『不會啦，我可以的——當初媽結婚時，外公也不在啊。』她的話有如當頭棒喝，一棒將我打醒。我們的媽媽在還小的時候就喪父了，她的整個人生都沒有他的庇護。說到與喪親之痛共存，她本身就是一個活生生的好例子。」

胡辛發現人有時就是不知道要說什麼，或許是因爲缺乏經驗，也或許是因爲怕勾起自己的傷痛。「就某方面而言，我變得非常封閉。我發覺自己漸漸只跟一樣嚐過喪親之痛的人聊，就彷彿我需要找到懂得怎麼跟我說話的人。當你跟有相同經驗的人聊，他們會給你空間暢所欲言，你不必擔心自己不該這麼難過，或擔心自己沉浸在哀傷中太久了。我自然就會被本身也曾喪親又成功走出來的人吸引，就彷彿我需要看到好的結局。」

在母親的葬禮上，胡辛跟一位喪父的朋友聊，還記得那位朋友跟他說，終其一生，喪母的那天都會是他人生中最糟糕的一天。「讓我很難過的一點是，截至當時爲止，每個人都跟我說『沒事的，會好的，你會走出來的』，但他說的才是眞的。接著，他又說：『但最糟糕的一天有個很不錯的地方，就是接下來只會越來越好。』而他說的沒錯。

「說出自己的感受和釐清自己有什麼感受眞的很重要，因爲這有助你消化自己的喜怒哀樂。直到現在，我們的社會才剛開始對情緒相關課題有比較開放自由的討論。我大概是在九年前開始談心理健康這件事，那時很多人看我的眼神就像在說：『天啊，離他遠一點，我可不想跟這種事扯上關係。』但現在有越來越多人明白『不去談』的破壞力。最令人難過的是，很多人都覺得沒人可以談。」

如果不能表達自己，胡辛發現他的內心獨白就會越演越烈：「我的思緒會潰爛成疾，變成很可怕的東西——變成壓力、憤怒、自毀、沉淪，像是一個黑洞。就彷彿我在心裡和腦子裡想了又想，但表面上卻對周遭每個人強顏歡笑。不說出內心的感受眞的對自己有很大的破壞力和殺傷力。你必須找到表達出來的辦法，否則你會被吞噬掉。」

這就是胡辛爲什麼寫詩。「把我的感受訴諸文字，嘗試寫下我的心情或透過書寫消化我的想法，對我而言眞的很重要。我的腦袋猶如一團亂麻，但在寫作的時候，感覺就像我可以一條一條梳理清楚，曾經的混亂有了一點秩序，一切也都有了一點道理。有時我只是恣意揮灑，讓紙筆帶領我，文字自己就冒了出來。有時我用比較隱晦的方式，花很多時間把某些事情打上馬賽克，讓讀者自己去發現藏在文字背後的東西。提筆的時候，我的心總是很脆弱，但寫作爲我打造了一個表達自己的安全空間。」

胡辛會打電話給一位住在澳洲的朋友。由於不是面對面，他覺得聊起來容易得多。「看不見彼此對我來講輕鬆多了。他可以儘管跟我聊，並給我一點他的意見。即使他只是說『你一定很難過』，我聽了也會好過得多，因爲有人肯定我的掙扎、我的創傷、我每天每天的奮戰。」

胡辛覺得如果告訴親友自己的狀況，說不定會嚇跑他們或讓他們擔心。「這就是爲什麼要去看治療師的好理由。很多人要聽的不是實話，而是正中下懷的話。我們想要聽到有人跟我們說『沒關係』，我們不想聽到旁人說『你這樣是在自毀』、『你必須改變才行』、『你會毀了你的人生』。我打電話到撒瑪利亞會，還去看了三位治療師。對我最有幫助的是認知行爲治療，我了解到我的行爲模式和情緒爆點。整個過程並不容易，在我認識的人當中沒人做過心理治療。我從沒見過哪個來自巴基斯坦的人花錢去見一個在倫敦中區執業的中產階級白人女性。那種感覺就是很彆扭，直到我明白她是專業人士、她是來幫我的。而當我學會求助，人生就變得美好多了。」

胡辛現在覺得跟朋友聊就像在做心理治療。「他們會根據你確切的感受來問問題，就像是結合他們自己的人生經驗去喚醒類似的感受，例如他們可能會問：『所以，當你這麼說的時候，意思是這樣嗎？後來你還有那種感覺嗎？你有沒有想過你有這種感覺可能是因爲以前的那件事？』就像是把我看不見的東西放大來看，看得清清楚楚、仔仔細細。傾聽很重要，因爲傾聽就像一種無價的貨幣，除了此時此地就沒有別的地方能用。傾聽不只豐富你的人生，還能拯救別人的性命。」

專家分享

幫助別人爬梳他們的感受

人人都在說好好溝通的必要，無論是在人際關係、企業組織或政府機構當中，溝通對日常生活的每一方面都很重要。成長過程中，我們學過如何宣傳和展現自己，但不曾學過如何傾聽。回想中小學到大學時代，甚或進入社會以後，我從來不曾受過任何有系統的傾聽訓練，然而，傾聽絕對是一項不可或缺的技能。

善於傾聽的人是同理心和耐心的綜合體，他們用傾聽來表現出對你的在乎。良好的傾聽品質在於真正的交流，也在於積極表現出你有興趣聽。聽覺是一種生理機能，傾聽則是消化你所聽到的東西。傾聽是去理解（或至少試著要理解）來龍去脈。

撒瑪利亞會的主動傾聽法有很多地方真能助人學會好好傾聽。若是明白放下成見的重要，我們就有可能對周遭的人事物徹底改觀。我們或許自認對別人的想法和別人可能會有的反應瞭如指掌，尤其如果我們跟他們很熟，但我們不是讀心師。你一定要讓朋友、家人、同事知道他們可以對你毫無保留說出一切，「說出來」真的有助於當事人釐清自己怎麼了。你要做的是和對方站在一起，懷著同理心去傾聽。提出一些挑戰也會有幫助，只要你能拿捏得當，確保對方不會覺得受到你的論斷。但在人與人的互動和溝通中，誠實真的很重要。

在撒瑪利亞會，釐清對方的意思是我們會用的其中一個技巧——針對來電者陳述的內容，表示你的理解是什麼，向對方確認你的理解無誤。這麼做可以給對方一個回想或澄清自己說了什麼的機會。在和親朋好友相處時，我們往往不會這麼做，但釐清對方的意思有很大的好處，因為這不只能給我們機會多了解他們一點，也能給他們機會向我們澄清說：「不是欸，我完全不是這個意思。」

在撒瑪利亞會接聽電話，為了釐清對方的意思，我可能會仔細詢問道：「你有這種感覺多久了？」對方可能會回答：「喔，好多年了。」接下來我就會問：「那麼，從以前到現在，你最低潮的時候是什麼時候？那時你是怎麼自救的？」再來，我可能就會問他一樣的辦法現在還有沒有用等等的。你可以用循循善誘的方式，提醒對方他自己就有自救的力量、技巧和知識。人通常都很清楚自己該怎麼做。如果他們跟你說了各式各樣曾經有效的辦法，你就可以問他們：「那你覺得你為什麼不再嘗試一樣的辦法了呢？」重點在於把力量還給他們，即使他們覺得自己跌到了谷底，你也要確保他們得到一點鼓勵、讚美和正面的反饋。

透露並明確指出自己的情緒是氣憤、傷心、恐懼、希望、嫉妒或絕望，對當事人可能是很大的解脫。接下來，你可以用這些情緒當線索，推敲出這個人最擔心的是什麼。確切表明自己的情緒真的很重要。想像一張「喜怒哀樂索引表」，你可以從一頁又一頁的列表上挑出你的感受來，很明確地告訴別人說：「我很傷心／我很生氣／我有被背叛或被拒絕的感覺。」我們很不習慣運用情緒詞彙。社會教我們要把苦往肚裡吞，擦乾眼淚收起情緒。但分辨並誠實面對情緒有助營造一個令人放心的空間，在這個空間裡，你或許就能幫助別人說清楚他們為什麼會有某種感受。這可能意味著你身為父母、朋友或伴侶會聽到一些不順耳的真心話。所以，別忘了你也要顧及自己的心理健康。朝對方吼回去是不會有幫助的，但如果你承受得住，不妨聽聽他想說的話、他有什麼情緒，感受一下聽到真話的心痛。接下來，如果有必要，你也可以找別人聊聊你的感受。

傾聽並把力量還給對方最重要的一點在於給人希望。希望是那麼重要。希望伴隨著期待與信念，你期待也相信這個人會度過難關。我們很努力要透過撒瑪利亞會的服務給人力量，這就是為什麼我們要協助來電者界定自己的情緒、表明自己的感受。這件事比直接跳下去救人還困難，但如果可以，這麼做的影響力更大，因為這是讓當事人自己選擇要走的路，你是支持者、催化劑、小幫手，但你沒有攬下救人的責任，是他們救了自己。

——自二〇一六年起擔任撒瑪利亞會志工，並於二〇一五年至二〇二〇年間擔任撒瑪利亞會執行長的茹思（Ruth）

形容內心的感受

如何助人釐清他們的感受

你要給你想幫助的人很多機會說明他們作何感受、有何滋味。如果你曾試過形容自己的心情，你就會知道要用別人能懂的方式來表達心裡的感覺有多困難，尤其如果你是第一次開口談這份感受。人常常會把很重要的感受藏起來，或許是因爲不知道如何用言語表達，也或許是覺得難爲情或羞於啓齒。

問清楚對方的意思是助人表達情緒的有效辦法，例如你可以問：

- 「當你說……的時候，你的意思是不是……？」
- 「你說這話眞正的意思是什麼？」
- 「你的意思聽起來像是……，是嗎？」

複述對方跟你說的話也有助於理解。身爲傾聽者，用提問和複述的方式釐清對方的意思，一方面能讓你多了解你的談話對象一點，一方面也能給他們更多表達的機會。在說明一件事的時候，我們都有不同的用語習慣，所以，要知道別人可能會用與你不同的表達方式或語彙，一開始聽不懂也沒關係，你可以向他們重述一遍，確認你沒有誤會他們的意思，幫助自己了解得更清楚一點。

給感受一個形容詞

了解、形容和表達情緒的能力很重要。用下列練習來協助別人釐清他們的感受，好讓他們能夠表達和消化自己的思緒與情緒。給他們的感受一個形容詞，往往就能幫助他們把自己的想法說出來。

參見下表詞彙，看看他們能否從中辨認出自己的感受。

害怕	灰心	不安
得意	快樂	激動
生氣	懊惱	驚慌
焦慮	絕望	平靜
漠然	屈辱	覺得被冷落
無聊	喜悅	覺得充滿希望
滿足	滿意	覺得壓力很大
挫敗	緊張	覺得無法脫困
失望	感激	覺得格格不入
疏離	寂寞	覺得動彈不得
低迷	迷惘	覺得自己是個負擔
振奮	平和	覺得不知如何是好

他們是否有時、經常或偶爾有下列的知覺感受呢？

肌肉痠痛	疲憊不堪	心跳急促
背痛	身體不適	煩躁
反胃	咬牙切齒	壓力大
消化不良	頭痛	盜汗
呼吸急促	刺麻感	睡眠障礙

從一分（我很好）到十分（我情況危急），他們給自己的情緒健康打幾分？

1

2

3

4

5

6

7

8

9

10

請傾訴者寫下他們覺得自己爲什麼有這種感覺，或他們還有沒有其他想說的話：

10

接受
「是精神病也沒關係」

放手讓人自己做決定

親朋好友在乎你、關心你、想要幫你忙，背後是出於愛你、保護你、希望你好的善意。我們很難眼睜睜看著朋友、伴侶、兄弟姊妹或同事受苦，但懂得放手很重要。

只傾聽而不多說，有助於把力量留給你想幫忙的人。你可能想跟對方說：「你爲什麼不從床上爬起來，出去跑一跑？跑一跑心情就會比較好！」但你的辦法不見得是他們的辦法，你的答案不見得是他們的答案，你的菜不見得是他們的菜。跑一跑可能對他們一點兒幫助也沒有。萬一他們眞的去跑了，卻發現跑步不好玩呢？他們會回來跟你說：「幹麼叫我去跑步？搞得我現在腳很痛。」他們本來的問題還是存在，而且現在還對你很不滿。即使很難袖手旁觀，你還是要讓你想幫助的人爲自己做主，把他們的情緒和痛苦留給他們，如此一來，他們才有主宰這些情緒的一天。把他們的決定、想法和歷程還給他們，這是他們自己要去走的路。

替人決定該怎麼做不僅剝奪了他們的主導權，也加強了他們無能爲自己作出明智抉擇的無力感。無論有心或無意，跟人說「我要爲你做這件事」或「我來告訴你該怎麼做」都是有害而無益的。回到「求傾聽」和「求幫忙」的差異上。如果有人說：「我不行了，我需要幫忙」，那麼你當然可以立刻插手介入，例如保護他、照顧他或帶他去看醫生，視情況而定。但如果有人說：「我只是想聊一聊、抒發一下，說出來就輕鬆多了」，那麼你要做的就是給他說出來的機會。表現出你的關心，不管他想說什麼，你只要洗耳恭聽就好了。

實例分享

讓人選擇自己要走的路

三十九歲的戴倫來自博爾頓鎮（Bolton），他人生第一次喝酒是在十六歲，到了十七歲的尾聲，他已經是一個公認的酒鬼了。接下來十八年，戴倫的酗酒問題嚴重到女友離他而去，工作沒了，家也沒了。當了一陣子遊民之後，他精神崩潰、自殺未遂。二〇一五年，戴倫戒酒成功，至今已經滴酒不沾四年半了。他現在是撒瑪利亞會的志工，並於某大學攻讀犯罪及司法心理學。

對戴倫而言，酗酒和憂鬱症密不可分。「我做了一堆蠢事，我越是去想，就越想忘掉那一切。」他說：「借酒澆愁愁更愁，變成一種惡性循環。我不快樂。我談的戀愛都因爲我的行爲搞砸了。我所擁有的一切都被我毀了。每天狀況不斷。」

像戴倫這種情況，家人或愛你的人很難袖手旁觀。但回顧起來，他覺得不管旁人說什麼或做什麼，大概都無法改變他的行爲。「我覺得最主要的問題就是『愛』。在乎你的人如果看到你在受苦，他們可能就會直接插手說：『我知道你需要什麼。我得改善你的情況。』而這通常是因爲他們很愛你。有時候，他們甚至比你自己更想看到你好起來。以前我媽成天對我說『戒酒吧』或『不要做這種事』，坦白說，我實在是不想聽她嘮叨。當我跌到谷底的時候，我根本什麼也不在乎。

「我只是需要有人陪。我只是需要得到支持。重點不在於阻止我做什麼事，而在於對我不離不棄，當我倒下時把我接住。有很多次，我媽一定早就料到我的決定是錯的，或這樣下去一定會出事，但她不太會說什麼，她只是等著在我倒下時把我接住。這就是爲什麼我跟我媽一直很親。天底下最糟糕的一句話莫過於：『看吧！我就說吧！』」

戴倫落入反反覆覆的惡性循環，好了一陣子之後又開始喝酒。先是週末跟朋友小酌一杯，接下來又變成天天喝個爛醉。「我會跟朋友出去狂歡，然後做出一些蠢事或又自殺未遂。接下來，我會被送到勒戒中心或醫院，或是在家休養，就這樣反覆循環下去。但從狀況好到狀況差之間的間隔越來越短，我時時處於出事的邊緣。我以爲喝酒讓我交到了朋友，但喝酒只是讓我跟社會加倍脫節。到最後，整件事變成一場噩夢。被送到勒戒中心的時候算我好運，否則我大概已經沒命了吧。」

多年來都有一位協助戒酒的社工負責戴倫的案子，他試過關在家裡戒酒，也試過住院戒酒，但都只是治標不治本。「我不是眞心想戒，只是必須做個樣子給我媽、我女友或我的公司看。」

到他三十幾歲時，情況越來越糟。「我知道自己沒多少日子可以蹉跎了，再這樣下去不會有什麼好下場。我曾經一個星期就被送進醫院三次。我都不知道自己在想什麼。我因爲酒駕被抓丟了工作。同居女友把我轟出去，我跑去找我媽說：『我沒別的地方住了。』結果我媽說：『你不能住我這裡。』那一刻是眞正的轉捩點。在那之前，無論如何，我都可以去找她，只要睜著可憐巴巴的小狗眼睛望著她，她碎念一下就會心軟了。她知道我一無所有，但她非把我拒於門外不可。我無法想像拒絕我對她來說有多困難。還記得我看著她，看著她的臉、看著她的眼睛，我看得出來她有多痛苦。但我永遠都會感激她那天拒絕了我，因爲那正是我所需要的。」

雖然戴倫很習慣生活一團亂，但無家可歸完全是另一回事。「流落街頭很可怕。我隨時都要躲來躲去。最後我住進臨時收容中心，那裡更亂，打架啦、叫囂啦、音樂放得很大聲啦，無一刻安寧。精神上眞的是很大的折磨，我實在是無法適應。我是被救護車載出去的，因爲除了死，我看不到其他出路。」

三天後，戴倫在醫院裡醒來，因爲戒斷的關係渾身抖個不停，他的媽媽就站在床腳。她准他回家，但表示她下星期打算出遠門，並問戴倫說她能不能放心讓他一個人在家。「不幸的是，我看不見她這麼做是想幫我，反倒覺得正好把握機會大喝特喝。她星期一回來，只看到我把家裡的酒喝得一滴不剩。第二天醒來的時候，我覺得自己整個人都不對勁，腦袋裡的神經好像斷掉了一樣。我再也受不了了。我不敢看任何人的眼睛。我不敢走出我的房間。我內疚到無地自容。後來很可怕，我變得不敢一個人出門。我一個人什麼都做不了，到哪都得有我媽陪著，否則我就會恐慌發作。

「我換了一位新的戒酒社工，她把挑戰還給我。她會問我：『你有沒有聽到自己剛剛說了什麼？』或：『那你打算怎麼辦呢？』她會聽我說很多很多話，再從我說的話當中挑出一些片斷複述給我聽，有點像是挑戰我這些話的眞實性，迫使我認眞思考自己確切的感受。她會說：『眞是這樣嗎？』或：『你覺得眞是這樣嗎？』她總有辦法挑出重點、命中問題，並問出我沒說出口的話。我感覺她有在聽我說話，就像我也有在聽她說話一樣。以前我總覺沒人想了解眞正的我，沒人想聽我說話。她給了我一份肯定，讓我覺得我能成爲更好的自己，而這也是她想看到的結果。我明白到我非得去勒戒不可，如果我想變好的話。」

於是，戴倫報名了九個月的計畫，住進戒癮之家。一開始並不容易。「簡直亂七八糟、一塌糊塗，三十六個上癮者全都塞進同一棟屋子裡。我離開了自己的舒適圈，要麼就是拚命游，要麼就是沉下去。我沉下去了，沉得很深很深。第一個月，我每天都吵著要回家。但我學會跟這些人待在一起，跟這些上癮者共處一室，我學會聽他們說話。以前我只聽自己的，別人說的話有很多我都沒在聽。在那裡，我學到我可以跟別人坐下來聊，找到共同的頻率。在那之前，我總是只聽自己想聽的——我只聽可以給我一個藉口回到酒精懷抱的東西。」

勒戒三個月之後，戴倫體會到他可以把傾聽的技巧用在別的事情上，比方用來自助和助人。「看待自己的所作所爲，我的心態有了轉變。我開始挑戰和質問自己。而當我學會心懷一點善意之後，我明白到傾聽有多重要。在戒癮之家，你要跟三十幾個破碎不堪的人說話。學會傾聽眞的、眞的很重要，因爲有沒有人聽的差別在於他們能不能康復回家、會不會從此再也見不到家中的四個孩子，甚至會不會走上自殺一途。傾聽是一件攸關生死的大事。」

戴倫的其中一個轉捩點，在於有一天他不僅能夠承認自己需要幫助，還發現自己也能幫助別人。「在那裡，我能做的就是聽，而且是很密集的聽。我們每天都聊很嚴肅的話題。還記得有一次我們全體聚在一起，每個人輪流談自己的感覺。有個女孩通常都悶不吭聲，但那次她難得開口向大家吐露她的心事。我突然有種很奇怪的感覺，就好像在看電影的時候，你覺得你快要哭出來了。我想不透爲什麼，後來我想明白了，那是因爲我一直都有試著跟她聊，我想幫助她打破沉默，我想讓她知道她可以爲自己說話，而她終於做到了。她的臉上露出燦爛的笑容；她跟自己和解了。我揉揉眼睛別過頭去，努力克制想哭的衝動。以前我只有不爽到極點的時候才會哭。我明白到我不只是一具空殼，而且我說不定已經有了一點改變，光是透過在那裡陪著她一起克服障礙。看到她的改變眞的很令人感動。即使到了現在，碰到我狀況不好的時候，我還是會去回想那一天，因爲我不想忘記那份感動。在撒瑪利亞會輪班接聽電話，也會讓我回到當下那種心境中——重點不在我身上，我關心的是其他需要幫助的人。

「現在，在撒瑪利亞會輪班時，每次接起電話，我都可以陪一個跟我曾經的處境一樣的人聊。我從來不會忘記自己是在跟誰聊。我從來不會忘記走進別人的內心世界是何等的特權。因爲我知道一個人要把心裡話說出來有多難，你可能要一試再試很多次，才有辦法說出自己想說的話。只要他們在電話那頭，只要他們有勇氣撥這通電話，我就願意洗耳恭聽。我要給他們全副的注意力，因爲接下來的半小時或僅僅十分鐘就能改變別人的一生。」

戴倫離開戒癮之家四年半了，雖然他還在努力，但他對現況很滿意。「我走了好久好久才走到這裡。日子還是有很難捱的時候，但在撒瑪利亞會服務讓我學到很珍貴的一課又一課；我還在學習。能在別人的旅途中當一個旅伴、能在艱難的時刻陪在他們身邊，眞的是我的榮幸。」

傾聽成爲戴倫生活中的無價之寶。回首來時路，他體認到別人不能解決他的問題或告訴他該怎麼做。他必須自己摸索出一條路，因爲要走哪一條路向來都是取決於他。「沒人能替我走這條路，而我就是這樣一步一步進步的。我必須自己把自己砍掉再重練。」

專家分享

分隔兩地時，如何傾聽？

無論是用什麼形式溝通，人與人的真誠交流當中有著莫大的價值。給人完整的時間、關注和同理心，便能滿足最基本的情感需求。

即使你和你關心的人分隔兩地，或你們無法面對面見到彼此，也不代表你就不能給他們陪伴。用視訊、電話、簡訊和電子郵件還是能幫助你從遠處傾聽。如果你關心的人一時不知如何表達，這些通訊方式也能幫上忙。只要常保聯絡，時不時表現出你的關心就好。

二〇二〇年新冠肺炎疫情期間，我在封城之際加入撒瑪利亞會成為志工。來電者談到孤單的感受、思念家人的心情，以及大家對財務和失業共同的擔憂。有些來電者擔心解封後的生活不知會變得怎麼樣。封城期間，大家都有更多思考的時間，也可能一不小心就鑽進牛角尖，苦惱著出了問題的感情，或懷念起已逝的故友和親人，想來想去越想越難過。在受到限制的人際互動之下，大家對不在身邊的人益發珍惜起來，即使是比較疏於聯絡的親友，也可能會打個電話或寫封電郵聯絡一下。就某些方面而言，這段非常時期鼓勵我們跟彼此有更深刻的情感交流。在規範最嚴格的時候，人與人必須拉開距離、把自己隔絕起來，如何保持人際往來似乎成了前所未有的重要課題。我們遍尋各種方式：傳簡訊、打電話、用Zoom開視訊會議、或寫一張紙短情長的手寫卡片。

多數人最想念的是人與人的接觸。我們是渴望靠近彼此的群居動物，卻被剝奪了相互往來的自由。不能拜訪親戚、不能彼此擁抱、不能聚在一起歡慶人生大事，實在令人難受。唯有在失去的時候，我們才發覺自己把這些珍貴的事物看得多麼理所當然。

至於未來的生活，我想大家會想保有這段期間新體驗到的平衡感吧，例如可以有幾天是在家工作，不必釘在辦公桌前，不必忍受通勤的折磨，不必遵守嚴格的工作進度。我們力求不要搭那麼多的飛機或買那麼多不必要的東西。疫後時代，我們仍想繼續保有對彼此的體諒與善意。就跟傾聽一樣，關照、善待和誠實面對內心的感受看似簡單，卻有很大的力量。

和親朋好友聊心事，也可以依循撒瑪利亞會諮詢熱線的談話模式。剛開始可能情緒高漲，甚至針鋒相對，但內心的感受一旦攤開來說清楚，宣洩完了，談話就會漸漸冷靜下來。接下來，你就可以說：「剛剛提到的那件事，你想跟我多說一點嗎？」或：「你好像有很多事要煩；你最煩心的是哪一件事？」這麼問可以鼓勵對方一條條理清腦袋裡亂糟糟的思緒。當談話來到尾聲，你或許可以試著問一句：「掛上這通電話之後，你要做什麼呢？」或：

「今晚剩下的時間，你打算怎麼度過呢？」這麼問則是為了鼓勵他們向前看和展望未來。

我在封城期間跟朋友聊，有些朋友想念他們的工作、想念熱鬧的辦公室，有些朋友想念他們的孫兒女。有位通常是開心果和靈魂人物的朋友深陷憂鬱之中，好幾天都提不起勁跟人往來。我藉由開放式的問題，委婉地詢問他的感受，跟他一起找到出口。他是個十足十的人生勝利組，突然爆發的疫情和隨之而來的限制卻超出他的控制。疫情對他的打擊很大，但光是透過傾聽、釐清和反思他說的話，加上在他能出門的時候到戶外走走、呼吸新鮮空氣，便有不可思議的效果。

一個人如果覺得孤單、不被了解或受到孤立，只要能感覺到有人關心他、有人願意聽他說話，就足以扭轉他的感受。至於看到有人在受苦而想要伸出援手的人，別忘了你說什麼不重要，只要你有嘗試跟他說話，就遠遠好過什麼都不說。你甚至不需要有多強的同理心；誰都做得到。你不需要情感太投入、情緒太激動，只要輕輕問一聲「嘿，你還好嗎？」就夠了。

疫情讓我們看到心理健康就跟身體健康一樣重要。現在，接下來會怎麼樣就取決於我們怎麼做了。

——撒瑪利亞會傾聽志工蘇（Sue）

善意的交流是改變的契機

獲頒大英帝國員佐勳章（MBE）的強尼・班傑明是英國的一位作家和推動心理健康的社運家。他出生於倫敦一個保守的猶太家庭，五歲時第一次見心理師。打從幼時起，強尼就覺得去見心理師是一個不可告人的祕密。他回憶道：「在我的成長過程中，多數人都不敢或不知如何去談心理健康。」所以他老是抬不起頭，只想把上學的日子熬過去，同時又總覺自己跟別人很不一樣。但有關情緒表達這件事，那份遮遮掩掩的感覺一直跟著他，久而久之，他的祕密變成一個沉重的負擔。

到了十歲左右，強尼也爲自己的性向所苦。出身猶太家庭，念的又是猶太學校，心理健康或性向的課題是沒人談論、學校也不教的事。回顧起來，強尼說他深深藏起眞實的自己，尤其是到了他開始覺得很痛苦的青春期。

他說：「從十五歲起，我的情緒問題就很嚴重，情緒起伏很大，而且常常無緣無故就想哭。」對青少年來講，這可能顯得很正常，但強尼接下來出現思覺失調的症狀，他覺得有一個只有他聽得到的聲音在告訴他該做什麼、不該做什麼。但基於那種對異樣情緒和異常行爲的羞恥感和必須保密的感覺，他覺得不能告訴任何人他的狀況。「我對幻聽這種事一無所知，只是覺得有個聲音在跟我說你要這樣那樣，否則你或你愛的人就會受到懲罰。我用宗教的角度解釋這件事，認爲這是神在對我說話。但接下來，心理健康和性向的問題眞的讓我很痛苦，我就覺得搞不好恰恰相反，那不是神的聲音，而是惡魔的聲音。再加上我不明白自己是怎麼了，所以我覺得一定是因爲我是壞人才會這樣。我反正絕口不跟任何人提起這一切。」

有很多年，強尼單打獨鬥，覺得不能告訴任何人自己的狀況。也因爲他課業表現出色，表面上看來是個能力很強的人，沒人知道他心裡有多掙扎。課業是他逃避的管道，成績很好卻又變成另一種負荷，他必須加倍努力維持一切都很好的假象。

十七歲時，強尼開始有想死的感覺，於是他沒有告訴父母，自己私下去看醫生說：「我到底怎麼了？你得幫幫我。」

「我知道自己生病了，我不想讓我的家人知道，因爲他們對我有很高的期望。我沒有責怪他們的意思，他們自己也對心理健康一無所知，是能幫上什麼忙？也所以我就這樣一天一天過下去。我不斷告訴自己，等到去曼徹斯特上大學，把所有的問題都丟在倫敦，我就可以有一個全新的開始。我抱定了上大學就能逃開一切的想法。

「但事實上，離家上大學又是一道難關。我什麼也沒丟在倫敦，一切都在我的腦子裡，我走到哪就跟到哪。而且除了課業之外，我還多出另一種壓力和期望，那就是大學這四年我一定要過得很精采。我的心理問題眞的很嚴重，但要掩飾我的問題卻更容易了。我開始有自殘和酗酒的行爲——若是住在家裡，我可能就瞞不過父母。我越來越痛苦，也私下去找校醫，試了各式各樣的抗憂鬱劑。但我只是漸漸越來越孤立，什麼事都藏在心裡。我覺得自己有好多祕密，而我守著這些祕密越久就越痛苦，痛苦到完全無法承受的地步。」

到了大學三年級，強尼的問題越積越深，而他就用酗酒和置之不理的辦法來應對。「但在一天夜裡，我覺得自己徹底心神喪失了，就像中邪了一樣。我語無倫次，瘋瘋癲癲的，鬧到後來我跑到大街上，對著路人大吼大叫，接著我還跑到雙向高速公路上去了。很可怕。我自己也嚇壞了，但我想我就是出現了解離的症狀，不知道自己在幹什麼。就好像百分之九十的我在那裡語無倫次，但剩下百分之十的我知道自己必須停下來、脫離那種處境。」

強尼住進精神病院，他在那裡待了六個星期，醫生診斷他有情感型思覺失調症（schizoaffective disorder），並爲他安排自殺監控❼。「院方首要關注的是行爲與症狀，再來是診斷，接著就用藥物和一些方法來治療，讓你恢復到可以出院。當然，正確的診斷和藥物治療很重要，但我的經驗很『醫學』——一切彷彿都圍繞著藥物打轉。我希望有人能聽我說說話，精神科的醫生每天早上會來看我兩分鐘，在這種情況下，他沒有聽我掏心掏肺的餘裕。」

強尼逃出這家精神病院，最後他落入一種覺得再也活不下去了的絕境。「我覺得我什麼也沒有了。我得到這種診斷。我看我大概一輩子都要住在精神病院裡了。我反正也不能出櫃。一切都感覺沒有意義。」就在他企圖自殺之際，有個陌生人打斷了他的動作。從那一刻開始，強尼的故事就從絕望轉爲希望。

當這位陌生人接近強尼時，立刻讓強尼深受感動的一點，就是這個人對他不帶論斷。「這個人走過來，他的態度就好像在說『沒關係，這沒什麼大不了的』。他沒想扭轉或擺脫眼前的情況。沒什麼大不了的啊！他完全接受我的狀態，我從來不曾受到過這種接納。跟醫院裡不一樣。在醫院似乎沒人有時間聽我說話。他人很好。他只是跟我說：『我哪兒也不去，就在這裡陪你。』我花那麼多時間看精神科醫生，他們老是跟我和我的父母說：『我們不知道強尼會怎麼樣。』但這個人卻說：『你可以的，會過去的。』我跟他的談話間有許多空白與停頓，這在醫院裡也是不曾有過的。大家都沒空，醫生只來看你兩分鐘。他給我時間，我不必填補空白。他只是加入我的行列，在那裡聽我說話，感覺真的很不一樣。我甚至記不得全部的談話內容，只記得他聊到自己是在哪裡長大的，還有他等一會兒要去上班。如此而已。」

❼自殺監控（suicide watch）指病患、囚犯或軍人有自殺傾向，故醫院、監獄或部隊特別密切監控這個人的狀況。

頓時，強尼滿心覺得應該有別的辦法可以走出他的困境。「我很感動有人接納我的樣子。他對我沒有絲毫的論斷。他只希望我能跟他聊。他既不害怕，也不覺得尷尬。一個素昧平生的路人竟然給我這麼多的時間，他讓我覺得我有活在這世上的價值。如果他都相信我過得下去，那麼或許我也可以對自己有點信心。這件事刷新了我的視野，也燃起了我的希望。」

強尼被帶到地方上的一家醫院，之後又被送回他先前逃出來的那家精神病院。一切都沒有改變。他看看四周，看到的是跟之前一樣的人。病人還是病人，而且他的病友們似乎並無好轉的跡象。但他自己倒是不太一樣了。他還是接受一樣的治療、一樣的照顧、一樣的自殺監控，但他有了一股新的希望，這份希望使得他看待一切的眼光都不同了。「我知道我再也不想待在那裡了。我默默告訴自己：我可以走出來。和那位陌生人的談話對我的心境有莫大的影響。那場談話就像一個觸媒。」

出院之後，強尼到他當地的撒瑪利亞會找人協談。「有人聽我說話的感覺太美妙了，完全不同於見全科醫生十分鐘或聆聽醫生的診斷。就連去見私人診所的治療師，感覺都好像分秒必爭。而在日常生活中，人人都忙得焦頭爛額，總是趕來趕去，但當我和撒瑪利亞人坐下來談的時候，他們有的是時間。成爲某個人唯一的焦點，擁有某個人全副的注意力，眞的爲我帶來很大的力量。那裡沒有診療桌、沒有筆記本，沒有任何的屏障。你們只是聊聊天。沒有勉強的感覺。那是一個很中立的空間，感覺我們只是兩個平起平坐的人。即使到了現在，當我需要跟人聊聊的時候，我就找一個撒瑪利亞會的分會，親自去一趟，因爲我已經有跟人面對面談話的信心了。每當落入一種很苦、很灰暗的境地時，我就覺得自己眞的需要得到面對面的支持，人跟人面對面有助於建立更強的連結。親身感受一下別人的善意、溫暖與不帶論斷的眼光，有著讓我放下心來的作用。在輕鬆平和的氣氛之下，在一個令人放心的空間裡，你們什麼也不做，就只是不受打擾地聊聊天、說說話，這種經驗本身就很珍貴也很特別。」

強尼也開始會跟家人和朋友聊自己的狀況。「我覺得自己就像是雙重的出櫃——一方面告訴家人和朋友我是同性戀，一方面也讓他們知道我有精神疾病。這是一段漫長的歷程，我們一點一滴建立起信心，漸漸懂得如何攤開來談、不要怕談諸如此類的話題。剛開始眞的很難跟我爸聊，他就是不知道要怎麼聊這種事，我也不知道。但我出院以後，改以院外治療的方式定期回診。他會載我去醫院回診，之後再載我回家。是在那些往返醫院的車程上，我們才有辦法聊那些難以啓齒的話題。直到現在，我們大概還是在車上最聊得開。在車上不必看著彼此的眼睛，莫名就變得比較好聊。」

這些年來，強尼也看到家人和朋友之間漸漸展開諸如此類的談話。「還記得幾年前很痛苦的時候，有一天晚上，我跟一群好哥兒們出去吃飯。我想讓他們知道我內心的痛苦，所以我跟他們說了我的情況，全場頓時陷入一陣尷尬的沉默，接著就有人說：『喔，話說，我們是不是該結帳了？』但現在，當我一樣趁著吃飯時跟朋友訴說我的痛苦，他們只會說：『沒關係，我懂的，聽你這麼說我也很難過。』這種反應對我來講是很大的肯定。就算他們沒有共鳴或不太知道該回什麼，只要朋友或家人說聲『沒關係』，那份羞恥感和罪惡感就隨之煙消雲散，我也不再覺得自己是個怪胎。這也顯示出人是會進步、會改變的。」

真誠交流小叮嚀

♥ 我們都會想要向別人伸出觸角，以人對人的姿態，問一問別人是否還好。這件事沒有一套公式可循，無非就是展現生而為人的人性。你也做得到。

♥ 重點不在於說對話，而在於陪對方一起度過痛苦艱難的時刻，與對方一條心，就跟陪伴肉體受傷或發生事故的傷患一樣。

♥相較於面對面，肩並肩更能暢所欲言。試試看一起去散步或兜風。

♥再試一下。第一次、第二次、第三次或許都不成，但常保聯絡總能讓對方知道有你在、有你關心他。

♥陷入沉默或冷場可能令你很不自在，但只要給人時間和空間說出想說的話，就有不可思議的效果，也會帶來很大的解脫。

♥你不必先想好一套計畫。你不必擔心自己要如何回應才好。你不必解決任何問題。每個人都能當自己的主宰，他們只需要明白自己做得到。而你要相信他們自己就有自癒的能力。

傾聽小訣竅

給你不認識的人精神支持

雖然本書設想的是朋友、家人、同事或相愛的人之間的傾聽，但若是看到你不認識的人似乎有傷害自己的危險，這本書也派得上用場。自殺是可以預防的，尋死的念頭往往是一時的，而且可以打斷。要打斷負面念頭的惡性循環、讓人開始踏上康復之路，可能只需要簡單的一句問候，或表達一下你觀察到的異狀。

和人談心的方式沒有對錯。相信你的直覺就對了。如果你觀察到某個人似乎很退縮、封閉或情緒低落，像是需要幫助的樣子，你不妨主動打開話匣子；別忘了你本來就是每天都會跟人說話，問一句「你還好嗎？」不會害別人病情惡化。如果你覺得靠近這個人可能不安全，或是你覺得不自在、放不開，你也可以請旁人幫忙，附近也可能有工作人員之類的人可找。再不然，你也可以打一一九。

如何靠近陌生人或打開話匣子：

- 「今晚很暖和耶，你不覺得嗎？」
- 「你叫什麼名字？」
- 「需要幫忙嗎？」
- 「你還好嗎？」
- 先來一點自我介紹，告訴對方你要去哪裡、你在做什麼。
- 問對方要不要幫他打電話聯絡他認識的人。
- 問他想不想找個地方坐下來喝杯熱飲。

• 你可以提出一些求助資源，例如撒瑪利亞會、他的全科醫生，乃至於他的朋友和家人。

只要讓他知道有你在就是一種幫助了。

「記得仰望星空，

不要只是盯著自己的腳。

為你的所見所聞尋找意義，

為宇宙的形成讚歎。保持好奇。

人生再艱難，總有你能成就的事。

重點是不要輕易放棄。」

——英國物理學家　史蒂芬・霍金（Stephen Hawking）

11

支持別人
也要照顧自己

空瓶倒不出東西

陪在別人身邊不見得容易。聽你認識、在乎的人訴苦可能是很大的挑戰，也可能令你無法招架，尤其如果他們談的是很敏感或難以啓齒的話題。別忘了空瓶倒不出東西。只顧關懷他人，忘了也要用善意與同理對待自己，最後只會掏空你自己，導致你產生倦怠、煩躁的情緒。

如果你自己也壓力很大，壓力可能會影響你的判斷力，並導致你無法靜下心來聽人傾吐心事。擁有一張安全網很重要。在撒瑪利亞會，志工值班之前都要先向「班長」報到，報到後簡單做個報告，消化一下自己的接聽經驗，並聊一聊自己的感受。

善待自己就跟善待別人一樣重要。所以，別忘了給自己養精蓄銳、把電充飽的時間。還記得在飛機上聽過的安全指南嗎？你要先幫自己戴上氧氣罩，再去幫別人戴上氧氣罩，因爲若是沒先顧好自己，又要如何照顧別人呢？

管理自己的情緒和反應

要拋開自己的情緒、聽你在乎的人傾訴，又不反應過度或覺得自己必須承擔他們的問題，可不是一件容易的事。如果你覺得自己應付不來，花點時間全盤思考一下或許會有幫助，例如想想你和這個人的關係、他所面臨的困境，以及你所擔心的是什麼。較爲全面的思考不只能帶來一些領悟，也會讓你覺得較能掌握情況。

除了注意自己的反應，也要注意你爲了把心力用在聽傾訴者說話而收起的情緒。雖然積極主動的傾聽有一個重點是專注在對方身上，不要把自己變成主角，不要把自己的經驗或意見加諸於對方身上，但壓抑自身感受可能會在日後產生不良的後果，尤其如果你壓抑的是悲痛、壓力或憤怒。所以，你也要試著注意自己的感受，並找到辦法在屬於自己的時間裡處理你的情緒，而不是一味忽視或壓抑。你或許可以找信任的人聊聊，或是給自己時間做自己感興趣的事。如果你支持別人支持得很累，那麼你或許也可以找個人來支持你。

嘗試建立互助網

沒有人可以滿足別人全部的需求，尤其是在困難時期。對於你能給別人多少支持、你有辦法幫到什麼份上，管理好自己和他們的期望都很重要，否則你可能會開始覺得你對不起他們或你令他們失望。

如果你自己一個人應付不來，試試看把其他朋友或家人也拉進來，一起分擔這份責任。有難同當不僅可以減輕你的壓力，也有助於讓你關懷的人得到更多改善情緒所需的支持。

你自己也要找人聊一聊

聽到你認識或你心愛的人說他們有多痛苦，對你可能是很大的衝擊，尤其如果他們已經忍很久都不曾說出來。你大可誠實表達你的錯愕，或表示你不知道該說什麼才好。如果有人想要找你聊，切記你不必替別人攬下他們的負荷。這不代表你就不能爲別人分憂解勞。如果你關心的人告訴你一件很難過或很不愉快的事情，你會跟著難過也是情有可原的。這時候，在事後找一個你信任的人聊一聊就很重要。不要把難過的感覺憋在心裡，你自己也排解一下很重要。

你不需要解決他們的問題。只要你人在那裡，只要有你在聽，就比做任何事都更有幫助。但如果你本就自顧不暇，那你大可承認自己顧不了別人的事情，而且千萬不必因此內疚。休息一下，或是協助對方去尋求其他的照護管道，對你們都會有幫助。關於如何判定你是不是合適的傾聽人選，請參見第320～321頁。

★專家分享★

務必也把自己照顧好

我在撒瑪利亞會接聽電話的經驗，和我擔任心理治療師的經驗截然不同。來電者通常是在緊要關頭打來撒瑪利亞會，他們不見得有自殺的衝動，但確實處於一個極其孤單或憂鬱的臨界點，並在這種情況下鼓起勇氣聯絡撒瑪利亞會，顯示他們有心改變自身處境。心理治療師則是跟個案工作一段較長的時間，所以你們會形成醫病關係——你深入探究危機背後的原因，設法找出長期、持久的解決辦法。致電撒瑪利亞會常常是踏上康復之路關鍵的第一步。

當一個傾聽高手就從愛自己開始——始於自家，始於找到自己內心的平安自在。你或許覺得自己落實了傾聽的技巧，例如不跟對方搶話講，或對方還在說話時，你不會只顧想著要怎麼回話。諸如此類的實務技巧，你都做到了。但對我而言，要當一個真正的傾聽高手，我們要先處理好自己的內在課題，如此一來，我們才不會把自己投射在別人身上。人常常不處理自己的內在問題，卻把別人當成自己的計畫，過問起別人的問題，試圖指點別人該怎麼做。學會傾聽自己的心聲是成為傾聽高手的第一步——聽聽我們的身體要傳達什麼訊息，在疲憊或壓力大時知道並滿足自己的需求，確保我們給自己沉澱的時間。

藉由處理自己的恐懼、焦慮和掙扎，我們也可以給別人更好的支持。舉例而言，如果你自己的感情不順遂，有個朋友想找你聊感情的問題，那你大概很容易就會把自己的感情問題投射到這位朋友身上。那些感受和舉動是你自身、你自己的人生要處理好的課題。如果我們真的有在聽，我們就不會一味談著自己的事情。

聽親朋好友訴苦還有一件事很重要，那就是你要有一個啦啦隊。透過傾聽來給予協助的責任不能只落在你一個人肩上。你可以協助傾訴者跟你一起或獨力探索他們還能找誰聊。跟他們一起想想還能把這件事告訴誰、誰能成為啦啦隊的一員，並在他們知情且允許的情況下組成這支啦啦隊。

你可能很怕聽到別人的祕密或傾聽別人的心事，發生在別人身上的事甚至也可能勾起你自己的傷心往事（參見第320～321頁）。如果你是這個人的父母、伴侶、朋友或同事，那又更難抽離開來了。但光是他跟你分享心事這一點，本身就是一件很正面的事情——他真的跨出了很勇敢的一步。向你吐露心事是需要勇氣的，你應該予以肯定。求救當中就存在著希望，因為他向你開口求救就表示他信任你，而且他渴望脫離困境。

——曾擔任十多年的撒瑪利亞會志工，而後受訓成為心理治療師的希爾妲．布爾克（Hilda Burke）

自我照顧行動計畫

你能跟誰聊？

如果你發覺自己需要找人聊聊，你可以找的對象有誰？寫下他們的詳細資料：

姓名：

電話：

備註（例如何時可以打電話給他們、他們有多樂於傾聽）：

有助於放鬆的活動：

蒐集並列出有助於放鬆或給你鼓勵和希望的活動，或許是你熱愛的事、期待的事、或任何讓你精神爲之一振的事。

哪些事情有助你放鬆下來？

什麼東西能夠激勵你？

用一句話補充說明能帶給你希望的人事物：

自我檢視：

利用下頁空間，寫下可能代表你需要找人聊聊的跡象，包括：

- 腦袋裡浮現的念頭和畫面。
- 思考模式，例如反芻思維（亦即反覆咀嚼同一件事）、災難化思維（亦即凡事都往最壞的方向去想）之類的偏頗想法、或全有全無式的極端想法（例如只因一次的錯就否定全部的好）。
- 情緒的變化。
- 愧疚感或罪惡感。
- 習慣或行爲的改變（例如睡眠品質變差、覺得疲憊倦怠、沒事就想哭、或動不動就跟家人吵起來）。

常保身心愉快的練習

針對如何練習自我照顧、如何撥出時間照顧自己，以下是一些妙招和建議。你也可以把這些好點子推薦給你想幫助的人。

如何照顧自己

- 保持規律的作息。
- 好好睡覺。
- 吃得健康。
- 運動。

- 達到任何小小的成就都獎勵自己一下。
- 找到有助於放鬆的活動。
- 避免對刺激性的物質上癮，例如酒精和咖啡因。

動起來

運動對常保身心愉快不可或缺，但你不必動得多激烈或多賣力，像散步這樣溫和徐緩的活動既能促進人際互動，又能帶給人體一定程度的運動量。以下是一些逼自己動起來的好主意：

- 不要搭電梯，改成走樓梯。
- 趁午休時間出去走一走，或在搭公車時比平常早一站下車，剩下的路程就用走的。

- 種花蒔草。
- 找一個附近的健身房或游泳池，加入會員定期運動。
- 在自己的社區、公司或朋友之間辦一場體育活動。
- 去附近的公園踢踢球。
- 在家裡放音樂，把廚房變成舞廳。
- 出去騎一圈單車。
- 從騎腳踏車、跑步、練瑜伽到溫和的伸展，選一個適合自己的健身活動，養成固定運動的習慣。

給自己時間享受當下、欣賞四周

對當下的覺察可以帶來很直接的愉悅感受，細細品味當下的一切也有助你確認人生中的優先順序。敏銳的覺察力也能讓你對自己有更深的了解，一旦對自己有清楚的認識，你就可以根據自己的價值觀和動機作出明智的選擇。以下試舉一些覺察當下的具體做法：

- 集中注意力，觀察一下四周環境。
- 爲你的工作空間布置一盆盆栽。
- 訂一個「斷捨離日」，把雜物清掉。
- 去一家沒去過的餐廳吃午餐。
- 注意周遭親友和同事的感受或行爲。

• 練習正念。

樂在學習

持續的學習不僅可以提升自信、促進人際互動，還有助於建立更積極的生活模式。「立定目標」的舉動和身心的愉快有密切的關係。今天何不學點新東西？

• 試做一道新食譜。
• 報名一門課。
• 讀書看報，甚或組一個讀書會。
• 玩填字遊戲或數獨。

- 學習彈奏一件樂器。
- 研究一件你一直想不透的事情。
- 學一個新的單字。

樂在付出

參加社會服務和投入社區生活有益身心愉快。回饋社會和表現善意有著改善情緒的功效。

- 對陌生人微笑。
- 當志工。

- 煮一道好菜送到朋友家。
- 捐二手物品到慈善商店。
- 爲人準備一份禮物。

放鬆

- 聽音樂。
- 寫日記。
- 泡澡。
- 畫舒壓著色本。

- 點香氛蠟燭。
- 讀一本好書。
- 練靜坐。

聯絡感情

親近他人、感覺受到別人的重視是人類的基本需求，對情緒健康也有很大的助益。不分年齡，人與人之間的溫暖是爲人抵擋心理疾病的緩衝墊。所以，抽空跟朋友、心愛的人、家人、同事和鄰居聯絡感情吧。在公司、在家裡、在學校、在社區都可以這麼做：

- 把寄電子郵件改成當面聊。
- 跟新認識的人說說話。

- 問問別人昨晚或上週末是怎麼度過的，當他們向你娓娓道來時要認眞聽。
- 參加社區裡的團體組織。
- 讓同事搭你的便車去上班，或下班回家途中跟同事共乘。

實例分享

儘管開口求救沒關係

新冠肺炎疫情期間，我們都經歷了一段異乎尋常的時期。我個人不幸失去了父親，他在西班牙驟逝。幸好我在封城之前就趕到那裡，將他帶回英國。在這些艱難的時刻，從獨居的人到本來就有情緒問題的人，我們每個人都有自己的問題要面對。現在的我們比歷來都更需要保持人與人之間的互動。

我一向不諱言自己的情緒問題。還記得我曾一次又一次打給撒瑪利亞會又掛掉，因爲擠不出開口求救的信心，因爲我以自己的感受爲恥。沒把電話掛掉的那一次是我人生中最美好的日子之一。電話那頭有人在聽。他沒有問問題。他不必知道我的名字。我對著他哭、對著他傾訴，我抱著電話宣洩了幾小時才掛斷。掛上電話時，我知道自己並不孤單。電話那頭的人對我的幫助無法用言語形容。

我們都有大大小小的問題，也都有不願旁人跟著一起擔心的煩惱，但我們必須說出自己的感受，必須向親友吐露我們的心事，必須開口說出來。你會很訝異有那麼多人都跟你一樣。說出來。要知道你身邊總有人在。對自己好一點。只是撥一通電話的小小舉動就能帶來大大的幫助。

現在，雖然我焦慮依舊，但我很確定自己有需要時一定會有人在，不只有撒瑪利亞會的志工，還有以前我不敢對著他們傾訴心事的朋友。即使你覺得自己像個異類，跟別人都不一樣，無論你多麼寂寞、多麼傷心或多麼茫然，永遠不要忘記總會有人在，你絕不孤單。

我們沒有度不過的難關。相信我。

——撒瑪利亞大使蓋兒·波特（Gail Porter）

12

下一步

想想你自己是不是合適的傾聽人選

他們可能需要去找別人聊

有時候，人最好是跟親朋好友以外的人聊。而且，身爲他們的親朋好友，你千萬不要因此覺得失落或受到冒犯。向別人求援對你們的感情並不是一種否定。人本能就會想保護自己所愛的人，他們之所以覺得跟別人聊比較自在，可能就是基於那份愛和保護慾。

和朋友、家人、同事、心愛的人相處的重點，在於能夠直接、坦誠地建議他們去找別人幫忙，尤其如果他們需要的是進一步的專業協助。互相傾聽、彼此有良好的溝通固然重要，但承認自己可能不是恰當的人選也很好——但說無妨，沒關係的。

你的狀況可能不適合聽

如果你自己也很難過，或你自己的生活就自顧不暇了，不妨想一想你是不是給予協助的恰當人選。在你自己的問題以外還要頭痛別人的問題，可能會導致你壓力太大，或導致你很難想清楚該如何回應他們告訴你的事。若是如此，退一步沒關係，你或許也可以協助他們找別人幫忙。

或許是因爲過去的創傷，如果別人想談的事情會勾起你的不愉快，你可能也沒辦法給他們支持的力量。若是如此，你要以自己的身心健康爲優先，好好跟他們解釋你沒辦法聽他們說這些。你可以試著告訴他們：「很遺憾聽到你發生這種事，我也想在你身邊支持你。我不想把焦點放在自己身上，但坦白說我也碰過類似的事情，所以我恐怕不適合陪你聊，因爲有可能會變成我們兩個都很難過。與其由我來陪你聊，不如我幫忙找別人陪你聊。我們來找個能把焦點放在你身上、可以好好聽你說話的人，這樣好嗎？」

如果有人需要專業協助⑤

有些情況需要更專業的協助，例如臨床診斷上的精神疾病、身心失調症、酗酒之類的上癮症、厭食症、躁鬱症、喪親或創傷後壓力症候群等等。

成癮症

成癮症往往是對心靈創傷或人生悲劇的解離反應和移情作用。聽人訴說上癮的問題時，最重要的是保持開放的態度、陪在他們身邊，但也要確保談話焦點不只圍繞在令他們上癮的物質上。我們要用不同的方式去談上癮這件事，需要多加探究的不是上癮者濫用的物質，而是他們之所以上癮背後的原因。在家人之間就可能很難做到這一點，所以，拿起電話跟地方上提供毒癮和酒癮治療服務的單位聯絡很重要。

聽你愛的人談他們的上癮問題恐怕不容易，所以不妨問問自己能否坦然、自在地談這個話題。要知道治療成癮症是很漫長的一條路，而你只是（或只應該是）啦啦隊的其中一員。談話時，不要只圍繞著這個話題去談，也要穿插一些日常的話題。要知道如果他們改變話題，那不代表他們不想談，只代表目前爲止可能談到這裡就夠了。很多人會用打哈哈的方式慢慢說出內心的痛苦。在某些情況下，上癮者一旦明白到自己的上癮行爲對自己和他人的影響，因爲要面對自己太困難了，所以他們也可能會用怪東怪西就是不怪自己的方式推卸責任。

爲能帶來長久的改變，我們要爲上癮者打造安全的康復空間。在酒癮治療中心，我們不只針對偏差行爲（例如醉臥路邊、藥物濫用、打架滋事等等）。在我們眼裡，這些問題是人生逆境適應不良的結果。爲了建立並肩作戰的醫病關係，爲了讓上癮者放心呈現眞實的自

---

⑤此小節內容係作者摘自英國心理治療委員會心理治療師安迪．萊恩的理論寫成。安迪．萊恩服務於約克郡和英格蘭東北部，專攻毒癮和酒癮治療。

我，我們一定要先了解上癮者整個人和他們的心路歷程及創傷。在一個能夠坦白面對問題的安全環境裡，如果上癮者願意，他們就能有深刻、長久的改變。

從戒癮到心理健康相關服務，許多人不知道有求助管道的存在。身爲傾聽者，你可以幫忙尋求相關資源，也可以鼓勵他們去看他們的全科醫生。基於怕被人指指點點的緣故，上癮者可能很難開口求助，因爲上癮的過程是很隱密的一件事，過程中也可能充滿羞愧、自責和悔恨。各地衛生所多半都有豐富的心理健康和戒癮資源，並有一套評分系統幫助你在對的時間找到對的幫助。如果你身邊有需要幫助的人，在各地都有很多針對不同成癮症的互助團體，但你也可以查一下衛生所的網站，從網站上可以找到當地有關毒癮和酒癮戒治的諮商服務、志願團體、互助團體、危機小組等資料。如果你關心的人沒有得到必要的協助，衛生所網站上也查得到申訴的流程。

只是傾聽可能還不夠的時候……⑥

如果你關心的人表達的想法和感受涉及特定的心理問題，或涉及臨床診斷上的精神疾病，有許多的機構和資源可以提供專門的協助。診斷或提供專業服務不是你的工作，但你可以試著讓他們明白外界有求助資源存在，以及他們可能需要專業的照顧。

心理創傷

在某些情況下，聽別人訴說他們的遭遇可能是很大的挑戰，例如當這個人受到了心理創傷的時候。切記：讓傾訴者把創傷事件重述給你聽，對他們其實可能沒有幫助。傳統的協談

⑥此小節內容係作者摘自英國心理治療委員會心理治療師、曾任撒瑪利亞會傾聽志工的希爾妲．布爾克醫生的理論寫成。

會讓當事人把創傷事件重新經歷一遍，這對你和你想幫忙的人恐怕都太沉重了。如果對方開始談憂鬱症之類的心理創傷，建議你不要像聊別的事情時那樣問得更仔細，相反的，你要提出積極的做法供他們參考，例如：「你有沒有考慮過加入互助團體，或是接受心理治療，或至少先去看你的全科醫生？」這或許有助他們找到一個合適的地方，在專家的支持下安全地探索他們的創傷。

幫忙尋求進一步的協助

注意對方的語氣。如果他們聽起來很絕望、很無助，或者他們的遣詞用字和表達內心感受的方式很灰暗，那麼你不只要聽，也要委婉地鼓勵他們尋求專業協助。其中一個辦法是問問他們對尋求專業協助的想法，例如：「你覺得撥個電話給你的全科醫生怎麼樣？」「你對尋求專業協助有什麼感覺？」「你覺得找治療師聊聊會不會有幫助？」注意，比起直說：「你要不要去看醫生啊？」委婉一點的說法更有效，例如：「你覺得撥個電話給你的全科醫生如何？」透過這種問法，你一方面認同他們的感受，另方面也認同求助的行動，並把決定權交給他們自己。

萬一他們拒絕尋求協助呢？

想想其他開放式的委婉問法，例如：「還有什麼別的選擇嗎？」或：「你想改變自己的情況嗎？」藉由善意的詢問，你把決定權交到當事人手上。別忘了，有些人寧可痛苦下去，也不願面對問題或接受挑戰。雖然要你放手可能很難，但如果對方已經是個大人了，我們就要尊重他們自己的選擇和自由意志。說到底，他們確實有權決定自己想不想得到幫助。

有哪些求助管道？

如果對方的聲音聽起來很迫切，就可能要尋求立即的協助。英國的撒瑪利亞會、台灣的一九二五安心專線和各地醫院的急診室都有全天候的服務，可以提供即時救援。如果事態緊急，或你認爲可能有危險，在英國可撥打九九九（在台灣則可撥打一一九）。

打給撒瑪利亞會可以得到緊急、基本、即時的情緒支持，但那不是一種長期不間斷的照護。多數人都需要針對問題的根源做更多的治療，而提供長期協助就是治療師和全科醫生的工作了。

如果這個人的情緒問題有長期反覆出現的模式，但並無立即的生命危險，那麼，一般而言，比較恰當的做法是請他去找他的全科醫生或心理治療師。全科醫生可提供低價/免費的諮詢服務，並提供一份後續轉診用的國民保健署心理治療師名單。就跟許多事情一樣，如果經濟條件許可，如果你的朋友可以尋求私人的心理治療服務，那他就有更多的選擇。這年頭，我們可以自由選擇心理治療的管道、療法（治療方式），甚至可以選擇要跟哪位治療師合作。

有時候，你不必二選一，各式各樣的照護方式可以彼此互補。在不同的情況下，每一種方式都可能救人一命、改變人的一生。關鍵在於組成一支啦啦隊，一開始先跟朋友、親人、同事或撒瑪利亞會的志工，接著或許把全科醫生和心理治療師也拉進來。傾聽當事人的需求，你才知道要怎麼幫助他們好起來，並在一路上給他們支持。

結語：交棒給你

「傾訴」和「傾聽」不只讓我們在艱難的時期相互扶持，也有助打破情緒問題和精神疾病蒙受的汙名。與五年前、十年前相比，我們已經走了很長一段路，但前方還有一座山要爬。我們越是表現出「說出自己的感受沒關係」的態度就越好。

每天都要跟對你而言很重要的人保持密切往來，讓他們看到你的關心，並注意他們是否需要聊一聊，或是否有心事要說出來、是否想表達內心的感受。這麼做背後的用意，在於當他們碰到了困難，他們就會相信自己可以來找你、可以告訴你發生了什麼事。這時，你的任務就是洗耳恭聽，懷著信心但不帶論斷，讓他們把話繼續說下去。切記：不要怕談話陷入沉默，把你的意見留給自己，除非他們徵詢你的意見。而且不要害怕說錯話。你有能力帶來對別人有幫助的轉機。

最簡單的舉動常常影響最爲深遠。對史蒂芬來講，住在療養院的那幾個月，每天開開心心跑來道早安的助理護士是他的轉捩點。對強尼來講，一個素昧平生的路人向他表達關切是他的轉捩點。對戴倫來講，把問題丟回給他自己的戒酒社工是他的轉捩點。對許多人來講，打一通匿名電話給撒瑪利亞會的志工是他們的轉捩點。讓他們懷著希望踏上康復之路的，不是臨床上的矯正、診斷和藥物治療，而是這些感覺自己受到認同、受到傾聽的時刻。

現在的挑戰是展望未來。人際溝通的方式隨著時間改變，撒瑪利亞會（和整個社會）也持續與時俱進，結合高科技和同理心，用新時代多樣化的方式，向彼此伸出觸角、陪伴在彼此身旁。隨著這個世界的改變，我們也要用新的辦法將觸角伸向身邊的人。撒瑪利亞會的宗旨在於確保任何人在需要時都有人可以找。你的任務是將觸角伸向身邊的人。你不必拯救任何人。只要陪在他們身邊、跟他們站在一起，直到他們準備好拯救自己爲止。

撒瑪利亞會傾聽法

- **問開放式的問題：**怎麼會？什麼情況？在哪裡？是誰？為什麼？
- **摘要：**摘出對方話中的重點，可以讓對方感受到你聽進去了，而且你了解他的處境和感受了。
- **反映：**複述對方所說的關鍵字或關鍵詞，可以鼓勵對方繼續說得更多、更廣。
- **釐清：**對方有時可能會避重就輕。你可以透過深入探討那些沒說清楚的地方，幫助他們為自己釐清重點。

• **給予簡短的鼓勵：**對方可能需要一點助力，才能把他的故事說下去，你可以用「繼續說，我在聽」之類的用語鼓勵他一下。

• **回應：**用「聽起來很辛苦」之類表達認同的語句來回應對方，以顯示你了解他的心情。

「（希望）不只是樂觀——
希望是可以努力、值得努力、
努力了會有用的一種東西。」

——諾貝爾獎桂冠詩人　謝默斯・希尼（Seamus Heaney）

國家圖書館出版品預行編目（CIP）資料

陪傷心的人聊聊：重要時刻這樣傾聽、那樣對話【英國生命線志工訓練手冊】／凱蒂．可倫波斯（Katie Colombus）著；祁怡瑋譯．-- 初版．-- 臺北市：橡實文化出版：大雁出版基地發行，2022.04
面；　公分
譯自：How to listen : tools for opening up conversations when it matters most
ISBN 978-626-7085-18-9（平裝）

1.CST：傾聽　2.CST：人際傳播

177.1　　111002309

BC1106

陪傷心的人聊聊：重要時刻這樣傾聽、那樣對話【英國生命線志工訓練手冊】

How to Listen: Tools for Opening up Conversations When It Matters Most

---

作　　者　凱蒂．可倫波斯（Katie Colombus）
譯　　者　祁怡瑋
責任編輯　田哲榮
協力編輯　劉芸蓁
封面設計　朱陳毅
內頁構成　歐陽碧智
校　　對　蔡函廷

發 行 人　蘇拾平
總 編 輯　于芝峰
副總編輯　田哲榮
業務發行　王綬晨、邱紹溢、劉文雅
行銷企劃　陳詩婷
出　　版　橡實文化 ACORN Publishing
　　地址：231030新北市新店區北新路三段207-3號5樓
　　電話：02-8913-1005　傳眞：02-8913-1056
　　網址：www.acornbooks.com.tw
　　E-mail信箱：acorn@andbooks.com.tw
發　　行　大雁出版基地
　　地址：231030新北市新店區北新路三段207-3號5樓
　　電話：02-8913-1005　傳眞：02-8913-1056
　　讀者服務信箱：andbooks@andbooks.com.tw
　　劃撥帳號：19983379　戶名：大雁文化事業股份有限公司

印　　刷　中原造像股份有限公司
初版一刷　2022年4月
初版五刷　2024年1月
定　　價　450元
I S B N　978-626-7085-18-9